U0594230

新媒体理念下的高校教育教学管理的理论与实践应用研究

杨　明◎著

吉林出版集团股份有限公司

图书在版编目（CIP）数据

新媒体理念下的高校教育教学管理的理论与实践应用
研究 / 杨明著 . — 长春 : 吉林出版集团股份有限公司，
2021.9

ISBN 978-7-5731-0465-6

Ⅰ . ①新… Ⅱ . ①杨… Ⅲ . ①高等学校－教育管理－
研究 Ⅳ . ① G640

中国版本图书馆 CIP 数据核字（2021）第 192250 号

新媒体理念下的高校教育教学管理的理论与实践应用研究

著　　者	杨　明
责任编辑	王　平
封面设计	林　吉
开　　本	787mm×1092mm　　1/16
字　　数	200 千
印　　张	9.25
版　　次	2021 年 11 月第 1 版
印　　次	2021 年 11 月第 1 次印刷
出版发行	吉林出版集团股份有限公司
电　　话	总编办：010-63109269
	发行部：010-63109269
印　　刷	北京宝莲鸿图科技有限公司

ISBN 978-7-5731-0465-6　　　　　　　　　　定价：78.00 元

前　言

　　随着我国新课程教学改革的深入，新媒体的不断普及，越来越多的高校教育开始重视新课程教学改革的理念和发展思路。高校教育管理工作中对于新课程教学改革的研究也在不断深入。在这样的教学发展环境和背景下，新媒体的发展速度和实践检验成果就有了一定的成绩，新媒体的教学管理形式以及其教学模式固有的优点都在一定程度上利于其传播，这也就变相增强了高效教学管理发展的效率。我国的新媒体建设程度在世界也属于一流，就新媒体平台在高校教育教学的管理发展过程中如何实现其特殊的价值和意义的问题，还在不断探究发展思考的过程中，这个过程需要广大教育工作者共同努力，在不断实践的过程中发现新媒体教学建设的特点，针对传统高校教学管理的弊端在新媒体教学模式中寻求解决方式，让新媒体教学模式真正成为新时代具有特殊教学价值的模式。

　　新媒体是互联网下全新的传播方式，其主要特点表现在以下三个方面：首先，新媒体具有开放性，突破了传统媒体单向传播的形式，使媒体的传播者和受众之间增强了互动；其次，新媒体还具有个性化的特点，不仅可以根据受众的需求来进行个性化的推送，同时还能为客户指定个性化的服务，这是新媒体的显著特征之一；最后，新媒体还具有快速性的特点，新媒体的传播依托的是互联网，改变了传统信息以电视、报刊等传播的形式，使媒体传播更加具有时效性。

　　大学生作为新媒体高覆盖的用户群，新媒体时代的到来给大学生的教学管理带来很大的影响。作为高校教学管理部门我们要秉承着"学生在哪，教学管理工作就在哪"的理念和信念来进行新媒体时代下的大学生教学管理工作。一方面要积极主动地学习和接受新媒体，另一方面要通过新媒体来进行教学管理的创新和实践，从而为提高高校教学管理效率奠定良好的基础。

　　大学生作为祖国的未来，承担着祖国未来的发展和建设，同时大学生也是最容易接受新鲜事物的群体。新媒体时代的到来给大学生的学习、生活带来了巨大的转变。一方面新媒体时代的到来，给大学生创设了一个自由、开放的信息环境，另一方面也给大学生教学管理工作带来了重大的机遇，同时也带来了重大的挑战。

作　者

2021 年 3 月

目　录

第一章　新媒体理念下的高校教育教学管理的理论研究

第一节　高校新媒体教学实践策略分析

随着互联网及数字技术的不断发展，新媒体应运而生，并且广泛应用于社会生活的各个角落。同样，新媒体也应用到了高校教学领域。新媒体对于高校教学起着非常重要的作用，借助新媒体技术，使得现代技术和学科教学有机的融合在一起，让教学手段变得更为直观，并且极大地丰富了教学内容。新媒体技术的应用给高校教学方式、教学方法都带来了新的思路和方法，但同时在应用过程中也出现了一些问题，本节从新媒体在高校教学中的实践应用出发，介绍了新媒体在高校教学应用中存在的优势和问题，探讨新媒体环境下高校教学的应对策略。

新媒体就是利用数字技术，通过各种网络渠道，以及手机、电脑、数字电视等终端，向广大用户提供信息和服务的传播形态。新媒体相对于传统媒体而言，有着更加鲜明的优势和特色。新媒体具有传播速度快、低成本、内容丰富、个性化、交互性强的特点。这使得新媒体在高校教学中发挥着非常重要的作用，新媒体技术的应用，使得高校教学手段更加多样化，教学过程更加便利，与此同时，也使得教学各方面都出现了一些新的问题。

一、新媒体在高校教学应用中的优势

（一）新媒体在教学模式方面存在的优势

传统的教学模式都是由学科教师在课堂上向学生讲授学科知识，单方面将知识内容传授给学生，学生在绝大多数的时候都是课程内容的接受者，只是被动接受教师的知识讲解，教师收到学生的反馈信息也较少，不够及时。将新媒体技术应用到高校教学中，使高校教学模式发生了很大的转变，教学模式从传统教学的单向传递变成了现在的双向循环。学生在课堂学习中，其主体地位得到了进一步的提升，不再只是被动接受信息，在和教师的互动过程中，学生主动学习的能力得到培养，学生的思维能力从各个方面得到了锻炼，并且使学生的潜力最大限度的被发掘出来。教师的精力也不再被繁重的课堂讲授所占据，教师

成了教学活动的组织者，在教学活动中引导学生主动进行对知识的探究学习。

（二）新媒体在教学方法方面存在的优势

利用新媒体技术进行教学，教师可以通过网络渠道获得更多的知识信息，结合教材内容，将最新的知识传递给学生。在课堂上运用新媒体技术，教师可以节省出大量用于备课、写板书的时间，使得课堂时间得到高效利用，将更多的精力用于引导学生对知识更深入的进行探究。并且新媒体形式多样，在各种形式的表现过程中，可以将文字、画面、音频等融为一体，让所表现的内容无限扩展，使内容变得更加鲜活，易于人们理解。比如在教学中，教师可以借助新媒体中三维动画、3Dmax 等技术，让那些抽象、艰涩的知识变得生动、形象，更利于学生接收和理解，并在师生相互交流的过程中让整个课堂的氛围变得轻松活跃，很好地让学生的主观能动性得到发挥。即便是课堂教学结束后，教师还可以通过网络，在课后和学生对某一问题继续展开讨论，达到因材施教的目的，让学生对课堂上没有理解的知识得到更好的消化吸收。同时教师收到学生的反馈，也能够及时对教学方式及教学内容做出调整。

二、新媒体在教学内容方面存在的优势

新媒体技术的广泛应用加快了信息传播的速度，也提高了信息共享的程度。新媒体使得教育资源得到普及，教师可以使用新媒体进行教学学习，丰富自己的知识储备，改进自己的教学方式；并且由于新媒体的特性，可以随时随地学习。高校教师通过新媒体开展教学，所讲授的信息量大大增加，并且教师还可以将自己通过实践研究总结出来的和教学内容相关的学科前沿论证或学科未来发展趋势信息，通过一些新媒体发布出去，比如微博、微信公众号等，从另一个角度丰富了学生的学习内容。

三、新媒体在高校教学应用中存在的问题

（一）新媒体未能得到有效的运用

新媒体使得高校教学模式从形式上变得更加新颖、有趣，受到了广大教师和学生的欢迎。新媒体技术的应用帮助教师更好地完成备课、授课，新媒体还可以给学生推送大量和学科内容有关的信息资源，让学生对课程内容更好的理解、吸收。另外由于有些专业的特性，如果教学内容只通过书面文字、语言传输给学生，学生不太容易理解消化。还有的专业需要更多的通过实践进行学习，而每个学生的个体经验不相同，相互之间存在着较大的差异性，这部分的学习从课堂上很难全部完成，比如播音与主持专业。

新媒体技术在高校教学中的应用是多方面多角度的。但是从目前的实际情况来看，新媒体并没有在高校教学中得到有效的应用，仅仅是在教师授课过程中作为演示工具出现在课堂教学上，其个性化、交互性的优势没有得到充分的发挥。另外在教学中，要想很好的

应用多媒体完成教学，使用者对其操作的掌握程度也非常重要。

（二）在传递教学资源时存在的问题

新媒体具有内容丰富、传播速度快的特点。一方面教师通过网络向高校学生传输各种内容各种形式的课程资源，比如音频、视频、微信链接、在线期刊等，丰富多样的课程资源学生有时不能全部接受，会根据自身情况进行选择，这时学生就有可能出现"选择困难"或"选择偏差"。另一方面教师通过博客、网络教学平台向学生提供课程资源，这些资源的呈现方式同传统教学讲授相比，形式上更加多样，但内容相对更呈现碎片化。学生在学习过程中遇到不理解或不会处理的问题，也愿意通过各种新媒体进行解决。高效便捷的同时，也使得高校学生在学习时，缺乏深入思考，碎片化的信息也使得学习内容之间缺乏应有的系统性和逻辑关联，这些使学生在学习的过程中难以构建出完整的科学知识体系。

（三）在学习沟通方面存在的问题

交互性是新媒体区别于传统媒体的一个鲜明的特点。新媒体技术在高校教学中的应用，让传统教学的单向传播转变成了双向传播，并且新媒体使用者可以根据自己的兴趣爱好选择性的进行交流。教师通过微博、电子邮件、微信等新媒体，可以从时间和空间上扩展与学生的交流，传统教学中课堂上沟通时间有限的情况得到极大的改善。师生之间可以不受时间和空间的限制，随时随地的进行沟通交流。但是在实践过程中，大量的具体事例表明，师生之间直接面对面的沟通比新媒体交流所获得的效果更好。若是在课堂上，直接用新媒体来取代传统教学过程中师生间的交流，将不利于知识的传授。并且学生和教师作为个体，时间、精力都是有限的，现在高校学生经常频繁使用网络虚拟沟通，习惯了各种快捷便利的反馈方式，而教师不可能 24 小时随时随地进行教学活动，因此，当学生没有及时得到教师的回应，交流学习的热情就会发生变化，甚至逐渐消失。

三、高校新媒体教学实践的策略分析

（一）高校教师要及时转变教育观念

高校教师要打破传统观念的束缚，在教学中突出学生的主体地位。一直以来，教师在教学中都是最高权威的代表，在教学中占有主导地位。新媒体的出现，使得教师的权威性受到了挑战，有些教师在教学过程中对学生提出的质疑、反对的声音难以接受。高校教师应及时从传统观念中转变过来，及时更新教育观念，对于学生提出的意见虚心接受。

（二）新媒体在高校教学中，促进师生互动

教师要善于利用新媒体，将部分教学内容通过新媒体技术呈现出来，激发学生的主观能动性，引导学生主动探究学习。在课前，教师要对每一位学生的学科学习情况详细掌握，这样进行针对性的授课，更有利于学生个体的学习。在课堂授课过程中，注意观察留意学生的学习状态，结合学生的特点和教学内容，从旁给以适当的引导，让学生的教学主体地

位显现出来。在教学过程中，高校教师要充分认识到新媒体的优势和局限性，将新媒体加以合理利用，让新媒体在教学过程中发挥最大的效用，服务师生。

传统教学中，教师在课堂教授过程中，是以一对多的形式在面对学生，与学生之间的交流方式一般是一对一或一对多，很难顾及每个同学的个体发展。并且由于授课时间有限，师生之间的交流也会比较少，有的学生对课堂教授的内容有所困惑，也不能及时得到解决，久而久之，就会影响学生的学习积极性、主动性。因此在教学中，教师借助多媒体技术，可以使这一状况得到改善。课堂上，教师对每一位学生的学习状态都有所关注，让学生在课堂上有机会和教师、同学进行更多的交流互动。

（三）通过新媒体教学，实现课堂的开放性

传统教学中，教师和学生的角色是固定的相对的，教学地点也是固定的场所，学生在固定的场所内接受教师的传道授业解惑，其过程多是被动地接受学习。新媒体具有虚拟性这一特点，教师可以通过新媒体构建出一个虚拟的情景，让学生的学习不再局限在封闭的课堂上。比如为了提高学生的实践能力，某地财经大学将新媒体技术与教育进行结合，构建出一个虚拟仿真实验教学平台，让学生在相对"真实"的环境中，运用所学理论知识进行实践操作，以此来提高学生的实际应用能力。

综上所述，新媒体技术在高校教学中的应用可以看出，新媒体技术的应用有利也有弊，高校在运用新媒体进行教学时，要加大资金的投入，加强高校教师对网络技术的培训指导，做好网络平台的管理和监督工作。这样才能充分把握新媒体，科学、客观地将新媒体技术应用到教学当中，发挥新媒体的最大优势，为社会培养出更多高素质、强能力的复合型人才。

第二节　新媒体与高校新型教学互动

信息技术快速发展促进教育教学变革，好的教学效果只有在教学互动中形成，新媒体环境下针对当今高校教学互动的困境，探索通过师师交流互动改变传统教学模式，生生交流互动激发学生的学习积极性，师生互动培养学生对知识的综合应用和分析能力，构建新型师生互动教学模式，给学生美好的学习和发展体验。

在信息技术飞速发展的时代，利用数字技术、互联网、电脑、手机等向用户提供信息的传播方式变成常态。数字化的新媒体时代：微课、慕课等给我们提供了丰富的教学资源；毕博、微助教等为我们创造了便捷高效的教学平台。各学校大力融合信息技术改进教学模式，实施线上线下混合教学模式，以学生为中心，培养学生的创造力。但好的教学效果只有在教学互动中形成，好的教学互动是师生共同盼望的。

一、目前一些高校师生互动的困境

高校教学互动是师师、生生、师生双方交流情感、沟通思想和传递信息的双向交互过程。尽管数字技术和互联网飞速发展促进教育变革，但目前教学互动仍然存在困境。

（一）单向为主、缺乏交互影响

传统课堂一直以来以教师为主，教师掌握传输知识的主动权，学生被动接受知识，双方形成"主体—客体"的单向度关系。在教学中主要表现为老师讲课学生听，较多的学生处于被动接受知识状态，为完成任务而学习，学业成为负担，敷衍了事。

（二）控制性为主，缺乏民主交流

师生关系中，由于教师对权利、知识等资源占有不平等，具有控制权，学生处于服从的地位，这种教学模式培养的学生大多数唯命是从，胆小不敢质疑，继而不善于思考，很大程度上限制学生想象力和创新能力。

（三）以课堂为主，缺乏交互反馈

目前大多数师生互动仍然以课堂为主，但由于课堂实践限制且在规定时间要完成相应的内容，因此互动就变成了形式，简单粗暴的问答，或者课堂就没有互动，师生缺乏双向的交互反馈和研讨，师生关系淡漠，课堂的师生互动向教师完成教学任务妥协。

（四）传授知识为主，缺乏情感融入

现今传统高校师生互动仍以传授纯粹的学科知识为主，忽视与学生的情感交流和思想沟通，互动内容单一且理性，缺乏情感的融入。上课人来，下课人散，如无良好的自主学习的引导，学生大量课余时间无所适从，继而只会玩乐不会学习。

二、新媒体环境下新型教学互动的探索

信息技术改变学习者的认知方式和学习方式，改变师生的教育关系，极大地增加人们学习及重复学习的机会。在传统教学中正确适宜地融入信息技术，通过多渠道交流路径，构建新型师生互动教学模式，给学生创造美好的学习和发展体验。

（一）师师互动，改变以往教学模式

利用新媒体的及时性和交互性，用于校际、同校的教师交流学习，可快速共享优秀的教学资源，分享实战经验，有利于改变以往教学模式，构建以学生为中心，先学后教，以学定教的新型教学模式。

1. 预习——先学后教

高校普遍存在课程课时紧的问题，如果学生课前不预习，课堂就成了"满堂灌"。教师应充分利用教育部和各网络教学网站推出的名校名师精品 mooc、电子书等，根据自身

知识优势和教学经验，在网上甄选适合本校学生的精品教学资源，利用网络平台提供给学生自主学习即预习。为使课前预习落实到位，教师辅助学生制定课前自主学习任务单，基于学生对知识的识记和理解，设计的内容既要让学生掌握基础知识，又要充分调动学生学习积极性，如果教学目标不明确，问题设置难度过高，就不利于学生学习兴趣的培养。

2. 预习反馈——以学定教

预习过程首先让学生自主解决问题，然后形成学习小组协同解决问题，再提出疑问课堂解决。因此课前学习任务单应包括如下内容：观看教学视频或教材内容、实现学习目标、厘清知识重难点、学生应用的学习方法、学生组织的学习活动、自我测评、学习疑问、课堂交互的期望。教师在相应网站上建课，和学生建立网络课堂，学生预习后完成课前学习任务单，线上提交，教师课前能及时掌握学生预习情况，定制课堂教学活动。

3. 寓教于乐——互动式教学微视频

通过一些软件或硬件工具教师可以非常快捷地制作互助式教学微视频给学生观看。在设计制作视频的时候根据掌握的知识点插入精心设计的练习题或游戏题，让学生在学习过程中边看边练，如看完一个知识点，弹出自测题或游戏题，答对后继续学习，否则返回复习，答对才能继续观看。在教学视频中加入互动元素，使视频更精彩，更有趣味性，使学生的自主学习变得有目的。

4. 不断实践——优化教学方法

他山之石可以攻玉，不断向优秀教师学习，形成适合学生的独特教学方式，用于实践。在实践中不断借助网络平台提供的科学数据检查实施效果，查找原因，总结经验，对原有方法和计划进行修正，优化教学方案。

（二）生生互动，激发学生学习兴趣

由于一个班级，学生与学生相对处于平等状态，建立学习小组，学生自主学习，归纳总结，设计练习题，讨论解答，组内相互交流，组间帮助学习，形成美好的学习氛围。分组学习有利于培养学生人际关系，增进学生之间的情感，发展学生个性，增强学生的自信心，敢于质疑同时愿意听取别人的意见，相互尊重，多元化的学习方法和团队协作解决问题的效率高，理解问题正确率高。

分组学习特别要防止一人独大，流于形式。采取的措施：分组可以采取多种形式，按照教学活动的不同组织不同的学习小组，按学生的兴趣爱好分组，按同学间的亲密关系分组；小组活动要有活动场所、活动记录、协同解决的问题及收获。

分组学习的目的是激发学生的求知欲，充分展现学生的个性让学生自由发展，有创新能力，学会集众人才能解决问题，让每个学生都能受益。

（三）师生互动，深化学习

新媒体环境下教师要认真了解学生的认知特点和学习特点，构造师生平等、以学生为中心的新型教学模式。师生互动主要在有形的课堂和无形的线上平台进行，学生通过较好的预习后对基本知识有了理解和识记，教师根据学生反馈的信息订制教案，坚持以学生为主体、教师为组织者的教学原则，启发鼓励学生进行知识探究，让学生与老师共同参加课程的教与学。

1.课中学习任务单，使学生收放自如

课中的教学目标是探究基础知识的应用和分析。任务单的设计主要内容为：学习目标、项目探究、当堂检测、知识拓展、学后反思。课中学习任务单是有效课堂的保证，避免学生自由发挥时间长不能完成教学任务。

2.以问题激活思维，引发互动，深化学习

好的提问可以让每位学生参入其中，设问要有针对性、实际性、探究性和趣味性，师生根据知识点在现实生活中的应用设计一些趣味性问题，学生通过讨论或由教师引导探究共同完成。教师特别引导胆小和学习比较困难的学生，鼓励他们积极参与互动，注重培养学生知识应用能力，提高分析问题和解决问题的能力。

3.学习空间的重构，增强教学的趣味性

有用有趣的课堂是吸引学生积极参与学习的关键。教师努力培养以学生为核心的教学模式，重构学习空间，让学生切实体验到知识有用和有趣，以此激发他们对知识的深化和拓展。具体做法是将传统教室改造成分组学习讨论型，大班教学改成小班教学，把课堂搬进实训基地结合实景探究知识，在实验室用实验验证知识，自己设计实验拓展知识。

4.信息化技术让互动更精彩

充分利用现代教育技术手段，如微助教、雨课堂等教学互动软件把各种有用资源、信息有机结合起来，生动活泼地表现教学内容，如抢答、选择、讨论、弹幕等，充分调动学生主动参与教学过程的积极性。并通过课余时间线上人机交互，实现教师与学生、学生与学生之间的多向互动，如采用网上讨论、网上评论、网上答疑等形式。

5.以多样互动，产生合力

让学生进行课堂总结，根据知识的重难点自己设计多样化的作业，合理分工调动全体学生参与教学活动，积极投入到学习探究中，师生互动增进情感，形成合力，整体增强课堂效果。

信息技术与网络技术发展，促进教学转向以学生为主体，将基础知识的学习交给学生，教师负责设计教学并实施，在宝贵的课堂时间内辅导学生完成知识的深化拓展和解决应用中的问题。完成教学过程中的互动要注意以下几个问题：①学习的决定权在学生，教师主要任务是助学。②教学互动要让每位学生都受益。③教学互动不能流于形式，要掷地有声。

第三节　高校新媒体专业实践教学

实践教学是高校新媒体专业课程教学的重要组成部分。高校必须主动与新媒体行业、企业建立持久、互动的产学合作关系，培养和造就社会急需的高素质实践型人才。完善高校校内实验教学中心制、创办高校校内实践平台、建立校内创业孵化基地、深化校企合作是新时期高校新媒体专业实现可持续发展的重要路径。

随着互联网与新媒体的迅猛发展，新型媒介形态开始影响和改变人们的日常生活。新媒体专业便是顺应数字信息时代发展需求而产生的传媒类新专业，其专业特殊性在于需要学生具备极高的大众传媒综合素养及较强的实践操作能力。在教育部对设立新媒体专业的支持下国内高校纷纷开办新媒体专业。2013 年，"网络与新媒体专业的开办院校就达到了43 所"。虽然各高校都在专业教学中寻找不同的优势和特色，但实践教学环节的强化却得到了众高校的普遍认同。

一、新媒体专业实践教学的重要性

新媒体相较传统媒体而言，主要体现为四大特性：其一，多媒体与超文本。新媒体形式多样，既有传统的文字、图片等形式，又包括视频、音频和符号等多媒体形式。读者可以通过新媒体多维度获取相关资料，扩展阅读。其二，交互性与即时性。新媒体信息通过众多平台进行交互传播，实时掌握不同地域的最新情况，真正实现"天涯若比邻"。其三，海量性与共享性。新媒体通过数字化技术存储和传输，海量信息，资源共享。其四，个性化与社群化。新媒体传播人人平等，彰显个性，凸出喜好。在此背景下，各种虚拟社区、网络群团相继出现，形成了网络生存状态。由此可见，新媒体实际是在传统媒体基础上的升级换代，是借助互联网而产生的新飞跃。

新媒体行业体现出的特性决定了新媒体专业必须重视实践教学的创新优势，必须具有多媒体操作与运用、数字化传播及技术应用的能力，掌握移动互联网时代媒介融合、新媒体内容策划、制作与传播等多种实操技能。但是，目前高校专业课程的设置出现了泛化和同质化现象：人才培养内容过于陈旧，与以往的新闻教育专业培养的人才没有区别，无法体现出新媒体的特征；培养的学生无法在实践上满足用人单位的需求，导致人才供给不平衡等。因此，新媒体专业人才培养模式与培养途径的改革势在必行。新媒体专业要依据信息化社会及网络发展对新媒体人才的需求，把握行业发展的趋势、建立人才培养的新模式，"着力培养和造就理论知识体系完备、实践经验丰富、具备新媒体应用技能的高素质复合型人才"。

二、新媒体专业实践教学的困境

随着越来越多的高校兴办新媒体专业，专业实践教学面临的困境日渐突出，只有突破这些瓶颈，才能实现新媒体专业的可持续发展。

第一，教学思维和理念不能与时俱进。目前，大部分高校新媒体专业仍沿用传统媒体的教学思维和理念，影响了学生的学习兴趣。教学与实践脱节的现象普遍，不能适应新媒体行业发展，培养出来的学生自然无法充分利用专业理论知识适应新媒体行业业务的要求。因为新媒体行业的发展日新月异，所以高校新媒体专业的实践教学必须紧跟行业动态，教学思路与理念需要不断更新。从短期看，高校新媒体专业实践教学可以侧重于网络服务实务和新媒体技术掌握为主；从长远而言，宜重在培养学生具有较强的自学能力、动手能力和创新精神，迎接未来的技术变革，提高学生的整体核心竞争力。

第二，实践课程设置有待完善，实践课程教学效果有待增强。现在一些高校的新媒体专业仍然沿用传统媒体的课程设置模式，重理论而轻实践。虽是新媒体专业，但体现不出新媒体行业跨学科、重融合、看市场的特色，更是缺乏随着现代传媒的发展而适时调整课程结构的灵活性。在高校新媒体专业人才培养方案中不但要强化理论知识的学习和研讨，更要强调实践技能的培训和考察。只有在课程体系中将理论性的讲授、文本性的研读、技能性的训练三者有机地结合起来，才能真正做到学以致用。以培养学生实践能力和职业素质为中心，完善实践课程设置，优化人才培养模式迫在眉睫。实践课程的设置必须让学生真正及时感受到理论与实践的结合，提高学生的专业学习兴趣和动力，调动学生的学习积极性。实践课程的设置要突出新媒体行业的特色，有目标地培养对口的新媒体专业人才。比如动漫设计、声效处理、后期剪辑等应纳入实践教学课程。此外，还要增加案例教学，选择新媒体行业领域中的热点问题进行典型案例分析，使学生在独立收集相关资料的过程中从不同角度发现有价值的内容，提高学生的专业素养。

第三，实践课程师资力量不足，是高校新媒体专业面临的普遍问题。目前，一些开办新媒体专业的高校缺实践课程教师。新媒体的发展在我国起步较晚，人才储备有限，新媒体专业教师大多是半路出家，从新闻、中文或艺术类专业调整而来，缺乏新媒体行业实践经历，专业实践能力不强，自然无法胜任实践技能型课程的要求，无法为学生提供必要的专业实践技能培训。一些具有新媒体从业经历的专业人士因为学历、职称等问题，无法在高校任教，实践技能型教师荒的局面亟待改善。建设实践课程师资队伍，要求高校提高教师的创新水平和实践水平。首先要转变传统的高学历、高职称观念。在新媒体专业教师的遴选中，以教师的专业实践素质与新媒体应用型人才培养的契合度为重要依据，增加专业实践型教师的数量。其次要重视兼职实践教师队伍的建设，积极与新媒体行业相结合，吸引优秀从业人员系统参与实践课程讲授。再次要不断完善师资培训机制，充分利用国内外教育资源，拓展师资培训渠道，提升教师的实践能力。

第四，缺乏"产学互动"，产学脱节。一些高校过于强调理论性，缺乏专业与行业的对接机制，与新媒体企业联系不紧密，不了解新媒体行业的发展动态和岗位需求。课程设置、教学内容与行业需求不相符，没有把人才培养与行业需求相结合，人才培养明显滞后于行业发展，行业也无法发挥对专业教育的导向作用，导致学生学非所用，造成教育的低效率，无法有效服务行业发展。新媒体专业应该按照行业需求培养人才，需要高校主动融入新媒体产业链，强化对接行业发展的意识，建立产学合作的新型人才培养模式。通过实现与行业的对接，统筹规划人才培养目标，满足新媒体企业对人才的个性化需求。然而，目前大部分高校新媒体专业实践教学没有企业的参与，难以保证学生深入了解企业的运营流程，校企合作流于形式，没有真正发挥社会力量的优势产生良性互动效应。

三、新媒体专业实践教学的创新路径

第一，完善高校校内实验教学中心制。改善校内实践教学环境是基础，新媒体实验教学中心是面向新媒体专业及其他相关专业开展实验与实践技能教学的平台。例如多媒体实验室、融媒体实训室和后期非编工作室等，学生可以不出校门就能获得基础的实训训练。高校依据各自的培养计划与目标，建立校内实验实训教学中心，制定完善的实验教学规章管理制度，建立现代化实践教学新体系，形成一套完整的实践管理机制，完成校内教学任务。其中实验教学中心的软硬件建设是关键。新媒体专业的性质决定了它必须投入大量与专业实践教学相匹配的设备和仪器，并配置专业的师资队伍，才能取得良好的教学效果。这就需要各高校高度重视软硬件建设，不断加大对新媒体学科实践教学的硬件设施投入力度，引进实践业务能力强的教师及行业从业人员加强指导，改善教学条件，在软硬件建设方面达到培养高质量新媒体人才所需的标准。

第二，创办高校校内实践平台。新媒体专业是实践性非常强的学科，专业实践在教学环节中尤其重要。实践教学平台是理论联系实际，培养学生实践能力的重要依托。校内新媒体实践平台的建立，能为新媒体专业学生提供有利的实践条件，对学生实践能力和创新能力的培养将起到积极作用，同时使校园新媒体平台在实现校园文化建设、信息传播等功能的同时更具应用价值。高校应该积极通过各种途径开发创办校内新媒体平台，挖掘校内可供新媒体专业学生进行实践的多元化平台，诸如学校网络电视台、网络广播电台、微信和微博公众号及各种网站等。整合并运用各种平台，将实践教学与新媒体平台结合，积极探索新媒体实践平台与新媒体专业人才培养的有效衔接。将新媒体专业学生充分吸收到新媒体平台的创作、运营和维护团队中，通过多层次的平台互动，有效利用新媒体实践平台，使学生运用专业知识在深入实践的过程中充分了解新媒体平台及其运作流程，加强学生专业实践能力的培养，提升学生的创造力。

第三，建立校内创业孵化基地，为新媒体专业学生创新创业提供强有力的保障。创新创业教育是实践教学中不可缺少的重要环节，高校应积极设立创业孵化基地，常见的形式有创客空间、创新工作室和多功能孵化基地等。打造支持学生创新创业的良好环境，不断完善校内创业孵化基地的建设，为学生提供实训场地及基本办公设施等多方面的支持，配置有创新创业能力的高校教师进行各种创新创业指导。同时，设立创业实践项目基金，提供创业启动资金，扶持学生创业项目。充分利用创业孵化基地搭建的创业实战平台，强化实践活动环节。学生可以在理论学习的同时加强创业实训，尤其是依托校内创业孵化基地，组织学生参加各类创业竞赛活动和创新创业项目，使学生在实践中培养实用的创业能力，增强实践能力和创业精神，降低自主创业风险，提升学生的就业意识，为日后踏上就业岗位打下良好的基础。

第四，深化校企合作，加强校外实训基地建设。校企合作，产学融合，推进新媒体专业应用型人才培养，构建协同育人的长效机制，是推动新媒体专业实践教学切实可行的路径。双方本着互利共赢、共同发展的原则，建立校外实践基地，"是学校借助社会力量办学以实现产学合作的最有效途径，而产学合作是应用型本科人才培养的主要特征，通过产学合作实现应用型人才培养模式与方案同企业的用人计划相吻合"。校外实践基地是学生接触社会、服务社会的主要渠道。学校应提供必要的资金和政策支持，聘请新媒体企业的骨干做兼职教授，传经送宝，促进教学改革和人才培养工作，鼓励学生掌握扎实的理论基础后积极参与新媒体企业的生产和管理环节。"在这种校企互动中，既有学校管理机构与企业管理机构的互动、指导教师与校外导师的互动，又有学生与校外导师的互动，最终可归结为理论与实践的互动和教学与研发的互动。它以能力为本位，既可以培养学生的专业能力，又可以锻炼学生的社会能力"。学生在完成实习任务的同时，还要增强适应社会的能力，提高实践技能和职业素养。高校可发挥自己的优势与特长，紧跟用人需求，探索校企合作办学新模式，为合作企业提供人才培养。

第四节　新媒体在高校教学改革中的应用

新媒体在当今社会的各个方面都得到了广泛运用，其中就包括高校教学领域。新媒体不仅为高校教学改革提供了新技术、新思路和新方法，而且有效促进了现代技术与学科课程教学的有机融合。然而，新媒体在高校教学改革中也在一些亟待解决的问题，如，自身优势未得到有效发挥，忽视传统课堂师生交流，等等。针对这些问题，提出了相应的运用策略，包括促进课堂的互动性、增强课堂的开放性、突出师生的主体性等。

随着互联网技术和数字技术的不断革新，新媒体应运而生。相比传统媒体，新媒体的优势和特色更加鲜明，表现为时效性、互动性、个性化、多样性等特征。新媒体涵盖的内容十分广泛，如各种数字终端、移动电视、触摸媒体、数字广播、桌面视窗、手机等。新媒体有效促进了现代技术与学科课程教学的有机融合，但也存在一些亟待解决的问题。

一、新媒体在高校教学改革中的优势体现

近年来，随着新媒体的蓬勃兴起，高校传统教学方式发生了巨大变化。在新媒体环境下，学生被赋予更多的选择权和自主权，他们不再只是高校课堂的接受者，而是由被动学习向自主学习转变。从长远来看，新媒体在高校教学改革中的优势主要体现在以下三个方面：

（一）在教学手段中的优势

在传统课堂教学中，教师的角色定位是知识的传授者，学生是知识的接受者，二

者之间的信息交互以单向传播为主。而随着新媒体的运用，教师可以借助 3Dmax、Authorware、Flash 动画、三维动画等技术，使课堂知识形象化、生动化，学生也更易接受和理解。这样，不仅能有效缓解教师因单向授课带来的疲惫感，而且有效调动了学生学习的兴趣，提高了学生的注意力，提高了课堂授课的效率。

（二）在教学内容中的优势

新媒体得天独厚的技术优势加快了教育传播的速度，提高了信息共享的程度。新媒体教育资源的普及，既可以提升受众使用新技术开展教育学习的能力，又可以更好地依托新媒体实现随时随地学习。因此，运用新媒体技术进行授课，大大提高了教师讲授的信息量，而利用微博、微信、手机客户端等平台发布与课堂教学内容相关的学科前沿和发展趋势，进一步丰富了学生学习内容。另外，将新媒体技术与教学内容相结合，可以激发学生探索的兴趣，引导学生深入思考，鼓励学生大胆地开展科学探索，培养学生的创新思维和研究能力。

（三）在教学模式中的优势

新媒体改变了传统的教学模式，改变了学生的学习方式，同时，进一步提升了学生的主体地位，教师真正成了学生学习活动的指导者和组织者。在新媒体环境中，学生的思维能力得到全面发展，学生的潜能也被更好地挖掘。新媒体在教学模式改革中的作用，并不只是技术与知识的简单叠加，而是以技术为支撑，以教学内容为核心，以学生能力培养为宗旨，三者相互协助、有机融合的结果。新媒体为高校教学模式改革创造了新的空间，让学生在整个教学过程中的主观能动性得到充分的发挥。

二、新媒体运用于高校教学改革面临的问题

虽然新媒体的发展，为高校教学改革提供了新的思路，使高校教学在教学方法、教学内容及教学模式上都有很大的改进和提升，学生的学习内容也得到了极大的拓展和延伸，然而，不可否认的是，在高校教学改革过程中，新媒体的应用依然存在一些亟待解决问题。

（一）新媒体的优势未得到有效发挥

由于新媒体教学模式形式新颖、广受欢迎，因而受到了高校教育者的推崇。他们认为，传统教学模式忽视了学生已有经验对课堂教学内容的影响，容易导致学生对所学知识的不求甚解。而运用新媒体开展教学活动，不仅可以帮助教师更好地备课、授课，更重要的是，它还能推送大量与教学内容相关的信息资源，帮助学生理解和接受。一方面，高校相对专业的教学内容大多通过书面语言文字传输给学生，这些内容与学生的个体经验存在较大差异。例如，广告学、播音与主持等专业，特别强调培养学生的实践能力，这些又无法从课堂上直接获得，而虚拟仿真等新媒体技术则可以很好地解决这一难题。另一方面，新媒体教学模式可以将文字、图像、声音、动画等多种形式有机结合起来，相比传统教学模式，

提供更多的感官刺激，使课堂教学更加活泼、生动，真正发挥寓教于乐的作用。

然而，从目前高校在教学改革中对新媒体的运用情况来看，新媒体只是在教师授课过程中扮演了"演示工具"的角色，新媒体的交互性、个性化的优势没有得到充分发挥。另外，由于新媒体对技术的依赖性较高，对使用者的操作能力提出了一定的要求，因此，教师和学生掌握基本的数字技术成为新媒体发挥教学功效最为重要的一环。

（二）对传统课堂师生交流的忽视

交互性是新媒体区别于传统媒体最为突出的特点。新媒体的交互性主要体现在两个方面：一是信息的发送者和接受者之间不再是单向传播，而是双向传播；二是参与信息交互的个体对信息拥有控制权。随着互联网技术的成熟和普及，人们开展信息交流的渠道更加顺畅便捷，参与者可以根据个人的兴趣和爱好有选择地进行交流。新媒体的这种交互性在高校教学改革中的作用更加凸显。因为它打破了传统课堂固定时间、固定空间的桎梏，师生可以随时随地进行线上、线下的沟通交流。正因如此，许多高校将新媒体作为师生交流的主要工具。然而，大量实践表明，在高校课堂教学过程中，师生间面对面的直接语言交流比新媒体交流更易获得良好的效果。如果将新媒体直接硬搬到课堂上，来取代传统教学模式中的师生语言沟通，忽视传统课堂的师生交流，反而对知识传授产生抑制作用。

三、新媒体助推高校教学改革的路径

（一）促进课堂的互动性

在高校课堂教学中，教师应当以"学生为中心"，将学生视为教学资源的创造者和重要的组成部分，而不仅是将学生视为教学的对象。为了贯彻这一理念，教师应该在课前了解学生的"经验"，即学生对所学知识的前期掌握情况，从而有针对性地进行授课。同时，在课堂授课阶段，要留心学生的学习状态，按照学生在课堂上的实际接受能力和水平开展教学活动。另外，在传统教学过程中，教师在讲台上进行"传道""授业""解惑"，以一对多的形式面对学生，很难充分顾及每个学生个体的发展。受制于有限的课堂时间，师生之间进行互动和交流的机会相对较少。学生们即使对教师的授课内容产生疑惑，也因时间问题而被忽视，影响了学生的积极性和主动性。因此，高校在教学改革过程中，要借助新媒体技术解决师生间交流、互动不足的问题，使教师有能力关注到每一位学生的课堂表现，让每一位学生都有机会与教师进行有效的沟通。这样将会极大地提升课堂教学的效果，教师与学生之间也会形成良性的互动关系。

（二）增强课堂的开放性

虚拟性是新媒体最为重要的基本属性。随着科技水平的不断提升，新媒体也衍生出了许多虚拟商品、虚拟人类、虚拟社会等具有虚拟价值的产物。新媒体的虚拟性运用在信息传播领域，不仅指信息本身的虚拟性，还包括传播关系的虚拟性。在传统教学过程中，教师和学生的角色是相对既定的，教学环境和教学方式也是相对既定的。在这种封闭的空间中，学生只能被动地学习知识。然而，随着新媒体的融入，教师可以创造出一种虚拟的情景，让封闭的课堂发展为生动开放的课堂。例如，为提高学生的实训水平，许多高校建立了虚拟仿真实验中心，为不同专业的学生打造虚拟商业社会环境，让学生在相对"真实"的环境中，学会用理论知识指导实践工作，提高学生的应用能力，实现高校应用型人才培养目标。

（三）突出师生的主体性

新媒体技术在高校教学改革中的作用应当是促进课堂教学中师生间的互动和交往，是"催化剂"和"助燃剂"，并不能完全取代传统课堂教学。课堂教学的主体依然是教师和学生。教师的教学过程除了让学生掌握一定的专业知识外，还是一种心灵的交流、性格的陶冶、人格的培养过程，教师不仅要督促学生完成规定的学业任务，更重要的是唤醒学生对学习的兴趣，帮助他们培养正确的学习习惯和学习方法，树立正确的价值观、世界观、人生观。这些都不是新媒体技术可以直接实现的。尽管新媒体技术为高校教学活动带来了诸多便利，但教师和学生之间的"教"与"学"，并不只是一个知识传播的过程，同时更是一个艺术的表达过程。因此，高校在教学改革中，要充分认识新媒体的优势和局限性，合理利用新媒体来服务教学、服务师生。正如迈克尔·德图佐斯所说的那样，"点燃学生心中的求学之火，树立教师风范，建立起学生——教师纽带，才是成功学习的关键要素。这些首要条件将不会由信息技术提供，即使信息市场能根本改善学习，教师的现身精神和能力也将是最重要的工具"。

近年来，新媒体的出现对高校教学改革起到了积极的促进作用，但我们还要清醒地认识到，数字化教育给现代化教育带来的挑战。"由于社会地位高者通常能比社会地位低者更容易、更快地获取信息，大众媒介传送的信息越多，这两者之间的知识鸿沟就愈加呈现出扩大之势。"在新媒体环境下，一些偏远地区由于生产落后、新媒体技术滞后等，与现代新媒体教育资源严重脱钩，而一些发达地区则可以最大限度地利用新媒体弥补教育的不足。如此将拉大贫困地区受教育者与现代化教育之间的差距，进一步影响他们的后期教育质量乃至整个生活。此外，网络语言的滥用或不规则使用，也会对学生的知识信息传递造成影响。因此，高校在运用新媒体开展教学改革时，要充分了解受众群体的特点和实际，而不能盲目跟风，要使有限的教育资源呈现最优化的趋势。

第五节　高校微视频创作教学与新媒体技术的融合

新媒体技术发展的洪流不仅带来了信息的多元化，也为微视频的传播提供了更多的方式和平台。新媒体时代微视频创作从"去专业化"重回"再专业化"的过程中，对影视传媒专业学生的教学和创作提出了更高的挑战。文章厘清了新媒体时代微视频创作的特点，总结高校微视频创作教学的新要求，形成了"三微"建课堂、"四享"作内涵的融合方案，提出了内涵培养是关键、专业技能是基础、学用结合是提升、评价体系是保障的改革思考。

新媒体时代，微传播已经成为当前的主流传播方式，依赖于移动互联网技术的"三微一端"成为中国社会的重要媒介平台和传播内容。传播生态和舆论格局的迅速改变加速了微视频在新兴媒体的再生产、再传播。伴随着微视频的裂变式增长，受众开始出现审美疲劳和注意力衰减，微视频作品产生了从全民狂欢的"去专业化"向"再专业化"的发展趋势。微视频创作最终再次回到专业化的创作道路，为新媒体时代的高校微视频创作教学提供了机会，也提出了更高的挑战。

一、新媒体时代的高校微视频创作课程

新媒体时代的高校微视频创作课程是传媒专业学生的综合实践课程。是集影视创作实践与新媒体传播一体的融合实践，培养学生以新媒介思维创作影视作品的能力，为新媒体平台创作优质微视频作品。另一方面，新媒体智能手机日甚一日的当下，高校学生族群中"手机党""低头族"日渐盛行，本该为交流助力的"手机"遂成为绑架课堂的牢笼，以至于学生对教师授课内容失焦。鉴于此，如何利用新媒体技术让影视专业学生在课堂重拾状态，最大限度激活学生的学习和创作热情，使教学效果最大化，成为高校教师必须解决的难题，高校微视频创作教学与新媒体技术的融合实践探索将新媒体平台构建为学与用的双赢平台。

（一）新媒体时代对微视频创作的要求

新媒体时代，随着信息的自由发布而来的信息超载，使越来越多的受众开始产生选择意识。虽然由于典型事件爆红网络的微视频层出不穷，但长远来看优质的内容永远是受众的刚性需求。事实上，"去专业化"使人人都成了摄影师，无底线的恶搞、无从验证的谣言视频等过度的信息膨胀使受众疲惫不堪。海量信息包围着的受众在泛娱乐化的氛围中，视野逐渐狭隘。在今年的两会期间人民日报推出微视频《奋斗》如一股清风，受到了受众欢迎，也给新媒体时代的微视频创作提出了新的要求。

1. 轻剪辑

在微视创作的"去专业化"的时代，微视频的第一时间、第一现场、第一视角成为吸引受众的重要元素。"再专业化"时代同样要求创作与事件的同步发生，专业化的轻剪辑使微视频产生了更丰富的电影化表达，与草根文化中粗糙的视听效果形成鲜明的反差。同时，微视频的轻剪辑要求创作者在较短时间内将素材形成完整流畅的视觉化表达，同时结合音乐与同期声形成声画的逻辑匹配，产生具有较高艺术性的微视频作品。

2. 深阅读

微视频创作的"再专业化"时代不仅要求创作手法的专业性，还对阅读内容提出了更高的要求。信息超载导致视点失焦，不实信息造成认知混乱。"去专业化"使微视频文本的完整性缺失，呈现出碎片化的特点。微视频提供清晰明了、权威可信、系统连贯的深阅读是受众的迫切要求。在众声喧哗的社会舆论中，微视频创作要求新闻从业人员不跟从、不盲从，用富有深度的内容理性发声。丰富的信息量、精美的画面都可以给人带来阅读的美感体验，提升人们的审美趣味。

（二）高校微视频创作教学与新媒体技术融合的需求

"再专业化"的要求使微视频的创作主动重回专业人员的手中。作为培养新闻传播战线后备军的高等学校，高校微视频创作教学应重塑学生专业信心，顺应新媒体时代对微视频创作的要求和学生喜欢的交流方式，发挥专业和技术优势，实现教学与创作的双赢。

1. 熟悉传播平台

据中国互联网协会《中国互联网发展报告 2018》数据显示，7.53 亿中国手机网民中微信使用率达 87.3%。以微信为代表的即时通讯软件成为当前大学生最受欢迎的新媒体媒介。微视频的传播就是以新媒体为平台，围绕用户为中心，利用平民化的语态，创新表达方式，各种时代潮语的运用，充分赢得了受众的青睐。另外，当前高等教育所面临着与传统媒介相同的问题，新媒介的出现导致以教师教学为核心的单一中心的解构，传统的教学方式开始边缘化。利用青年大学生所熟悉的新媒介平台学习和实践，使微视频创作传播与高校教育方式的改革产生了重合。

2. 了解传播规律

高校微视频创作教学与新媒体技术融合实践，不仅顺应学生对新媒体媒介接受信息的习惯，而且寓教于用。引导学生从自己熟悉的新媒体媒介中从受众向微传播者的身份转变，从专业理性角度分析微视频的传播规律及创作要求，为学生微视频创作实践提供经验支持。多种媒介丰富课堂教学形式，在教学中实现微视频的传播规律的验证。

3. 实现创作实践

新媒介的自由开放，为学生带来了丰富的个人化表达。高校微视频创作教学与新媒体技术融合实践将学生在新媒体平台上粗放型的个人创作纳入专业教学中，专业的提升和作品效果的即时感，刺激学生创作的积极性。微视频创作实践打通影视教学与新媒体融合应用，助力学生从专业技能型人才向全技能型的"全媒体"创作人才转变。

二、高校微视频创作教学与新媒体技术的融合实践策略

高校微视频创作教学与新媒体技术的融合实践中将视频创作课程重新定位。突破以教师为中心的单一传授模式为师生互动式教学；突破学生被动接受，形成师生在微视频创作中共同探究；突破传统的课堂模式，将新媒体技术纳入课堂教学和创作实践中去，学用相长。

（一）"三微"建课堂

1. 多模式微课堂

新媒体"中央厨房"几乎成为现代媒体转型的标配，其高度融合性、协调性、专业交叉性的特点更适合新媒体的信息传播。高校微视频创作教学与新媒体技术的融合实践也利用这种集约化形式打造教室版微"中央厨房"，适应融媒体的发展，培养应用型人才。大众碎片化时间的利用，手机、单反相机的普及都为利用新媒体进行微视频创作和传播创造了条件。

微信——营造即时课堂。新媒体技术改变了微视频创作课程的属性，其应用的有效性直接决定着微视频创作结果。以微信构建的微视频创作微课堂，将部分教学内容迁移至微信平台，使学生提前了解课程基础内容。将课堂需要的影片择取经典片段以微视频形式导入教学微信群中，学生可以即时点击观看。同时，微信平台的运行就是媒体协同的实际应用。学生参与媒体平台数据的管理、专题的策划与微视频创作相辅相成。公众号的运营明确了微视频的创作需求，产生定制型、标准化的微视频创作要求。

微课——构建随身课堂。根据教学任务，教师可以录制微课短视频为学生提供思考问题、基础问题解答等。借鉴网络教程的结构框架和幽默网剧的表现方式，将微视频创作教学带入故事情境，打破教师枯燥的面对面式教学。将微视频既作为课堂内容放进学生口袋，随时取用，打开手机就能学习；同时微课又是微视频的创作案例。另外，一些不能在课堂教学中演示的案例、原理，借由在特定条件下重现，借助微课视频记录下来。与传统教学形式的凭空想象相比更直观，简单易懂；更生动快捷，更易于接受。

直播视频——翻转传统课堂。"新媒体时代的教学凸显信息化与个性化特征，作为传统课堂发展的翻转课堂解决了班级制教学的共性化教学与学生个性化认知的矛盾。"让学生成为课堂的主人，微视频创作教学探索新媒体技术条件下学生主观能动的引导和发挥，实现师生互换角色。借助视频直播平台模拟重要新闻的发生地，跳脱传统视频创作的分散性，学生将相机的镜头对准编排好的情境，短时间，故事实时发生一气呵成。直播视频采用电影化的长镜头拍摄手法，一镜到底的拍摄手法，更能充分发挥学生场面调度能力，考验其设备操作和叙事节奏的掌握。

2. 多平台微展厅

高校微视频创作教学与新媒体技术的融合实践的关键是可视化。利用新媒体平台建立传播实践的公众号、微博账号，签约视频网站工作室。多平台微展厅不仅是学生创作交流的良好方式，更具仪式化的传播形态也是一种鼓励。新媒体技术的运用让影视作品的展示不再限制于电影银幕和电脑屏幕，微信、微博等病毒式传播使学生作品有了更广的传播范围，使学生更自信。另外，利用微信小视频，让学生即兴拍摄教学案例。借助APP的简单剪辑功能能够快速创作出短视频，即时在微信群和朋友圈中分享。在采风教学中，每天遴选学生优秀作品在微信群中分享，不仅为更多同学的拍摄提供了借鉴，还激励学生创新争优，期盼自己的作品能在微信群中推荐而更加投入创作。

3. 多渠道微沟通

交流的即时性是新媒体技术的优势，也是传统实践教学中的短板。借助微信群、微信公众号、微博等媒介构建师生、创作者与受众之间的沟通通道。新媒体的即时通讯平台是当下大学生最熟悉的交流平台，传统教学应当积极适应新形势的教学情况，顺应学生的交流习惯。传统教学中当面指出学生的问题和错误，未免会出现尴尬，引起学生的逆反心理。"新媒体的隐蔽性、公开的特点，使每一个学生都有平等交流的机会，学生的话语权在新媒体的支持下延展，积极性和主动性非常高。"新媒体平台的交流不仅形成了交流缓冲区，还形成了创作组队。微信讨论组可以更灵活多变地组织学生分组，学生管理机制也相应更加灵活。学生从微视频剧本创意阶段就可以灵活地使用时间，不再受到场地限制而进行作品创作的讨论。有效利用共同碎片化时间，实现教师与学生、学生与学生之间的互动互联。

（二）"四享"作内涵

"再专业化"最终要迎合受众深阅读的要求。现代传播始终追求"内容为王"的信条，新媒体技术条件下的微视频创作教学也急需解决这个问题。营养丰富、生动有趣的传播内容是课程改革的重点。"共享时代"利用新媒体技术实现教学与应用的相互加持更难能可贵。

1. 课程分享作先导

作为微视频教学的微课堂和实践场，多媒体技术平台首先变成了课程内容的先导平台。教师将教学内容通过网络平台向学生推送，并提出课堂中需要解决的问题。学生提前了解课程内容，探索教师提出的问题的解决方法。将学生的自习、预习，搬到手机终端上。

2. 经验分享作补充

借助微信公众号和微信群组的推送功能，把以学生创作为主题的内容做成专访。每个小组负责将自己的剧本、创意和导演阐述等电子文档整理作为分享内容，供群组交流。不同经验教训、创作花絮，形成丰富有趣的文章或者自制专访微视频向学生推送。另外，电影创作公众号的丰富资源，也是新媒体技术条件下微视频创作教学的有力支撑。V电影、影视工业网等每天都会推送影视创作相关文章，平台可以精选推送。

3. 作品分享做展示

作品展示分享是"做内容"的重要环节。学生创作的作品不仅仅局限于课堂班级内的小范围放映，在新媒体平台上可以得到更好地推广，同样可以达到强化学生把作业做成作品的高标准要求。传播的范围扩大，形成社会关注度，激励学生的创作热情。面对丰富的大众评价，学生能更为理性和客观地认识作品。自制微网剧也是作品展示的内容之一。微网剧以微时长、内容灵活而形式生动有趣一直备受学生喜爱。延续性的创作系列网剧，可以形成长效、稳定的受众群体。

4. 问题分享补漏洞

通过微信群和公众号的留言功能，学生可以自由发问，及时与创作者交流经验，提出疑惑。同时，教师的答疑解惑也可以依靠新媒体平台实现，网络课程解决大家的共性问题，沟通提问可以有针对性解决学生的个性化问题。

三、高校微视频创作教学与新媒体技术融合的思考

（一）内涵培养是关键

新媒体时代受众"深阅读"的转变要求微视频创作者具有更高的文化内涵、审美意识和正确的价值观念。如何认清时代发展趋势、把握传播规律是高校微视频创作教学人才培养的关键。为适应当代新闻传播中跨学科、跨专业的知识背景，高校微视频创作教学与新媒体技术融合实践中要注重学生的内涵建设。鼓励学生跨专业选修课程拓宽知识体系；培养学生严谨的治学态度，面对陌生信息敢于求证、多方论证；树立学生正确的价值观念，明白是非、不人云亦云，有独立的价值判断和见解。微视频创作中利用小视角看待大问题，从小生活展现大时代，更要求学生具有时代胸怀和人文情怀。

（二）专业技能是基础

新媒体时代微视频的创作要求学生不能仅恪守专业特长，"一专多能"的人才更符合新媒体"中央厨房"的需求。从传统影视教育培养模式中注重学生单一专业技能培养向多技能全面发展。高校微视频创作教学与新媒体技术融合实践利用新媒体平台实现学与用的双向共赢。培养学生在短时间内对复杂的、演变的信息进行综合分析，做到事件不失焦、认知不混乱，将缺乏完整性的文本系统化，进行深度理性发声。同时，微视频创作更需要学生扎实的影视创作技能。新媒体微视频是短时长、趣味性的视听作品，熟练利用专业设备和技术快速实现"电影化的表达"是新媒体时代"再专业化"发展趋势的要求，也是专业技能人才与草根视频创作者的根本区别。

（三）学用结合是提升

新媒体技术给予教师与学生新的互动关系，将传统教学中的教与学的强制关系变为学生自主性学习的主动关系。设置探究型问题激发学生探索兴趣，促进学生自主学习、创作的内在能动性，学用结合是高校微视频创作教学与新媒体技术的融合实践成功的关键。高校的教育不能仅限于知识的传授，还应该关注培养学生自我补给自我提升的能力。新媒体带来的丰富信息，给学生微视频创作提供了丰富的选题。在新媒体技术条件下微视频创作教学中引导学生学用结合，利用"中央厨房"平台运行机制，强化学生责任制和项目制的模式，促进学生的责任感，激发其自主性。积极拓展学生实践平台，提供社会服务，在实战中磨炼学生微视频的创作能力。

（四）评价体系是保障

高校微视频创作教学与新媒体技术的融合实践要根据微视频创作教学的实际特点采用合理的评价机制。作品汇报评分制、社会服务效果评估确定成绩的专业评价机制可引导学

生更侧重于创作实践。脱离传统的试卷型考试评价促进学生从应试教育的窠臼中解放出来。在成绩评价中分别列出作品形式艺术性、内容可读性、传播有效性等方面具体评价，明确新媒体时代微视频创作中各部分要素的综合性体现，促进学生对新媒介技术和传播规律运用的全面发展。

培养"一专多能"的影视创作人才是新媒体时代发展所需，是高校影视传媒教育的使命。高校微视频创作教学与新媒体技术的融合实践努力探索利用新媒体技术打造影视教学的学用结合的平台，将微视频创作与新媒体专业实践融合发展。为平台做内容，为创作供思路，有的放矢，学用相长，为新媒体时代培养优秀的人才。

第二章　新媒体理念下的高校教育教学内容

第一节　新媒体理念下高校学生党员教育

新媒体技术为高校学生党员教育工作带来了新的发展机遇，丰富了党员教育的内容，创新了党员活动形式，提高了学生党员参与党的建设的兴趣和能力。在科学技术迅猛发展的今天，高校学生党员教育工作出现了许多新的特点，创新学生党员教育工作，这是适应先进生产力发展的必然要求，也是取得党员教育工作实效的重要途径。

一、新媒体环境下高校学生党员教育工作的新特点

教育理念强调以人为本。高等教育从以往的"传授知识"到"培养能力"，再到今天的"提高素质"，充分体现坚持以人为本理念。在这个背景下，高校的党员教育理念也要实现转变，强调以人为本，帮助广大师生解疑释惑，提升他们的理论修养和综合素质。通过帮助人、提高人、激励人，使党组织真正成为团结人、凝聚人，激发党员、群众工作积极性和创造性的核心。

教育对象的特殊性。高校学生党员教育工作面临着学生党员思想的激进性和复杂性的挑战。学生党员由于处在象牙塔里，缺少实践锻炼，思想上可能会出现偏颇的时候，而他们通常不会采取正当的渠道发表自己的不同意见，反而容易走向极端，做出激进的选择，甚至会出现逆反或信任危机，需要党组织尊重主体教育的差异性和学生党员个性化教育的权利，使学生党员心服口服。

教育内容的时代性。学生党员教育工作的内容由总体目标、阶段任务和具体项目等部分组成，各个层次与整体之间存在内容的关联性和协调性。大学生容易接受新思想、新观念和新知识，关注国际、国内发生的重大事件。高校学生党员教育工作的基本要求是利用最新的科学理论成果武装全体党员。要不断更新和充实党员教育工作的内容，保证教育内容的时代性、鲜活性。

教育信息的多样化。新媒体技术信息传播的开放性能够为大学生党员教育工作提供丰富、及时、容量无限的信息。面对信息多变性、多元性的挑战，各种文化理念和价值观念相互击撞，给大学生党员的思想观念带来了深刻的影响。高校党组织要发挥新媒体技术的

独特教化功能，加强正面主流信息的更新和引导，避免出现政治信仰迷茫、入党动机模糊、组织观念淡漠、党员责任意识淡薄等问题。

教育载体的多要素组合。学生党员教育工作载体要素主要由主体、工具、内容和形式等部分组成。在新媒体环境下，高校通常把计算机网络技术、现代通信技术等应用于大学生党员的教育上，不断增强教育的时效性、广泛性和科学性。

随着互联网技术的飞速发展，新媒体在高校大学生中得到广泛的使用，并且已经成为高校大学生获取信息、交流沟通的重要平台。在新媒体的影响下，高校学生党员的学习方式也在发生改变，这就为学生党员的再教育工作创造了机遇、提出了挑战。为此，重视、研究新媒体在高校学生党员再教育中的应用，将有助于拓宽党员再教育的渠道，从而不断提高党员再教育的工作效率。

二、当前高校学生党员再教育的现状

（一）高校学生党员再教育的重视程度有待提高

发展学生党员是高校党建工作的重要环节，高校为此尝试了各式各样的工作方法，整体来说工作成绩显著、发展态势良好。但在实际工作过程中，高校对学生党员再教育工作不如对党员发展工作的重视程度高，有关党员再教育工作的理论研究和实践探索也相对较少，并且呈现出重党员发展、轻党员再教育的工作现象。发展党员前的相关教育管理工作安排的合理、有序，学生入党后的再教育工作安排的相对较少，各高校对学生党建工作的经常性做法是重视学生党员发展，而未能一以贯之的重视对已发展党员的再教育。这样不利于增强学生党员的党性修养，还容易造成学生党员的身份意识弱化，不易于履行党员义务、保持党员的先进性和纯洁性。

（二）高校学生党员再教育的管理队伍有待加强

目前，高校专职党建工作呈现出人手少工作量大的现状，这样就影响了对学生党员的继续教育和培养工作，同样，相关理论问题的研究和思考也会受到制约，使得学生党员再教育工作未能扎实开展或开展工作流于形式。与此同时，由于高校党建工作人员自身所学专业或工作经历的不同，致使党建工作队伍整体的理论素养和实践能力仍需继续提高和不断完善；党建工作队伍中有一部分工作人员属于兼职，致使自身不能全身心投入工作，更有甚者把党建当成自己工作上的临时过渡或跳板。正是由于以上工作现状的存在，而使得高校党建工作者对工作业务了解不透，对工作定位不准，对工作的创新意识不强，从而不利于党建工作的开展，更不利于学生党员的再教育。

（三）高校学生党员再教育的运行机制有待完善

高校学生党员的再教育工作是一项长期的工程，要常抓不懈，应该建立一种长效机制，使学生党员的再教育形成一种常态。党要管党，从严治党，制度是关键。从目前的情况来看，党的学习教育制度在不断建立和完善，但是仍有党员再教育机制缺乏长效性和系统性；有些已经制定的机制却形同虚设，不具有实际操作性。学生党员入党后，有的"三会一课"、党员民主评议等常规性学习教育活动都不能充分保障，更不用说党校培训、组织谈话等学习教育形式。显而易见，高校对学生党员的再教育工作落实得不够到位，工作开展情况不够扎实，同时也揭示出高校缺乏合理、有效的学生党员再教育运行机制。

二、新媒体在高校学生党员再教育中应用的必要性

（一）党要管党、从严治党的需要

高校学生党员的再教育是中国共产党自身建设的重要组成部分，是党要管党、从严治党的需要。学生党员是中国共产党培养的优秀人才，是努力争做担当民族复兴大任的时代新人。再教育是学生党员增强党性修养、坚定理想信念的必然要求，对党自身的建设发展也具有重要的推动作用。因此，在做好发展新党员工作的同时也应该做好对正式党员的再教育工作，让学生党员在日常的学习、生活和工作中形成常态化受教育机制。利用新媒体传播党的基本理论知识和时事政治是增强传播内容时效性的重要举措，用好新媒体是新时代提高党的建设科学化水平的一项重要任务。新媒体时代，党的自身建设必须利用新媒体的特点和优势，这是党对自身不断发展、不断完善的基本做法。新媒体影响着青年大学生的学习和生活，是大学生了解先进文化、学习科学技术、娱乐身心、探究世界发展变化的重要平台，时刻对大学生产生影响。因此，运用新媒体是促进高校学生党员再教育工作发展进步的重要举措，是对党员再教育模式的突破和创新，是使中国共产党自身建设适应时代发展潮流的重要手段。

（二）高校开展学生党建工作的需要

学生党员再教育是高校党建的常规工作之一，是增强学生党员的党性修养、政治意识的重要教育过程。在高校学生党员再教育工作中，学生党支部发挥着号召力、凝聚力、战斗力的重要作用。学生党支部是贯彻、执行党的理论政策，引领大学生坚定政治理想和政治信念的决定力量，在大学生的学习、生活和工作中发挥着政治核心作用，党支部的每一次活动都是对学生党员的思想洗礼。因此，新形势下必须抓住、用好新媒体的优点和优势，利用新媒体创建新的学生党员再教育的载体，用学生喜闻乐见的方式，立体式、全方位地宣传习近平新时代中国特色社会主义思想，主动讲好中国共产党治国理政的故事、中国人民奋斗圆梦的故事、中国坚持和平发展合作共赢的故事。与此同时，要加强顶层设计，必须保证利用新媒体发布信息的权威性，全面从严治党，必须增强党运用新媒体在学生中的影响力，以此来提升高校学生党员再教育工作的效率和学生党建工作的时效性。

（三）学生党员自身成长发展的需要

党员再教育是学生党员自身成长发展的需要，也是高校培养担当民族复兴大任的时代

新人的重要环节。高校学生党建工作充分发挥党组织的教育功能，加强对学生党员的再教育，真正把学生党员再教育工作提至高校党建工作的重要位置，这样不仅有利于高校党建工作的开展，更有利于对学生党员思想动态的掌控与时代新人的培养。中国互联网络信息中心于 2018 年 8 月发布了《第 42 次中国互联网络发展状况统计报告》指出，截至 2018 年 6 月，我国网民规模达 8.02 亿，而网民中学生群体的占比最高，为 24.8%。由此可见，大学生对新媒体的关注度和使用率都很高，这充分地说明了大学生是新媒体时代的主力军，因此在学生党员的再教育工作中要充分应用新媒体的各项功能，让新媒体的优势和特点在学生党员再教育过程中充分地发挥和显现，这样不仅充分迎合了大学生成长成才的需要，同时也方便了学生党员再教育工作的开展。

三、创新学生党员教育工作与发挥学生党支部的战斗堡垒作用

学生党组织应该围绕党的中心任务，立足于加强党组织的自身建设，提高党支部的战斗力，使每个学生党员成为学生中的一面旗帜，成为校园精神文明建设的主力军，以饱满的政治热情，出色地发挥先锋模范作用。创新党员教育工作是推进学生党支部建设的立足点。

1. 创新理论培训载体

党的十七届四中全会决定指出："世界在变化，形势在发展，中国特色社会主义实践在深入，不断学习、善于学习，努力掌握和运用一切科学的新思想、新知识、新经验，是党始终走在时代前列引领中国发展进步的决定性因素。"加强学生党员和入党积极分子的培养教育，增加他们先进性意识，提高他们的思想觉悟和综合素质，着力建设一支数量充足、质量较高、分布合理的入党积极分子队伍是做好学生党员发展工作的基础。要使基层党校切实成为培养党员纯洁性、先进性和健全高尚人格的重要熔炉和坚强阵地。组织政治理论学习，要创新入党积极分子教育的新方式：将上课的内容由较多的理论变成通俗易懂、喜闻乐见的纪录片、幻灯片和课件，穿插主持人解说和引导；安排看录像、看自做的幻灯片、学习讨论、知识抢答作为学习教育活动的形式；把党章知识、党的发展史、优秀党员先进事迹、颁奖晚会等作为学习教育的内容；为学生提供了相互学习、交流、探讨的平台，使党课教育具有更多的参与性、针对性、启发性与实效性。

2. 创新党员教育工作的活动形式和载体

高校基层党组织要把学生党员教育工作与大学生的成长成才紧密结合，贴近功能定位和紧密结合专业特点，创新教育形式，丰富活动载体，开展形式多样、寓学于乐的活动，不断提高党组织教育活动的吸引力、创造力、感染力和实效性。针对学生党员的思想实际和心理特点，将理论教育与实践教育相结合，构筑以思想政治素质教育为核心的教育氛围；坚持走出校门、面向社会，通过主题党日、社会实践等形式，开展新农村建设调查、科学知识普及、中央政策宣讲和电脑知识服务等活动，推动学生党员走进农村、了解农村、服

务农村，发挥学生党员在志愿服务社会、服务新农村建设中的积极作用；组织参加支教、希望工程、下乡扶贫等活动，亲身体验劳动人民的思想感情；根据形势任务开展各种主题鲜明的学习活动，采用专题党课、形势政策报告、先进人物事迹报告会、参观爱国主义教育与革命教育基地等集中教育方式，用丰富多彩的党员教育形式，提高学习教育效果。让学生党员在参与活动中得到启发和教育，提高党性修养，树立为人民服务的价值观。

3. 创新学生党员教育工作信息化管理机制

新媒体技术的快速发展，进一步丰富了大学生党员教育的信息内容，改进教育的形式和手段。高校党组织需要建立党员教育工作信息化管理机制。

一是创建一个红色网站，提供理论知识学习园地。校、院系均要有党员教育工作网页，形成上下互动，资源共享。通过图文并茂、形象生动、寓教于乐的形式，开展网上党员教育工作理论研究、党员教育工作论坛、网上党课等活动，形成网上强有力的主流意识形态。二是建设好一支信息管理队伍。由学校党委分管领导亲自担任组长，各院系配有一名专职的信息员，各班级配备学生通讯员，定期交流，及时准确地沟通各种信息。三是开设党员网上之家，召开网络会议。开设"网络组织生活"、"党员论坛"、"网络党校"等特色版块，将无线网络变成日常所需的会议室，与党员及入党积极分子进行面对面的交流，及时掌握他们的思想动态，解决他们的疑难问题。学生党员通过网络视频、留言板和网上聊天等功能进行交流和相互学习。针对外出实习和毕业班党员难以管理的问题，可专门设立"网络临时党支部"、毕业班党员 QQ 群，学校及时向毕业班党员传递各种党员教育工作信息，完成支部教育和管理工作任务。四是设立工作邮箱。党总支（支部）书记及信息员建立自己的工作邮箱，建立联系人电子邮箱地址库，以 Email 形式传送学习资料和文件，把对教育管理寓于服务之中。

4. 创新学生党员教育工作进社团、进公寓等阵地

在高校开放办学和后勤社会化的背景下，学生社团、网络媒体、公寓寝室等逐渐成为大学生日常活动和相互交往的主要阵地。这就要求高校党组织适应变化了的新形势，健全学生党员教育工作的责任体系。学生工作部门在学生公寓设置工作机构，延伸服务和管理，指导物管部门和学生社团开展活动，把大学生党员教育工作延伸到学校的各个角落，落实到每一个党员。在相对稳定的大型学生社团中可以设立基层党组织，充分发挥党组织在学生社会活动中的指导作用。在学生宿舍建立学生党员责任岗和党员活动室，发挥党员在文明宿舍建设中的带头示范作用，全心全意为辖区同学服务；加强与入党积极分子的联系，做好推优工作；进一步优化学风，推动学生寝室文化建设。

5. 创新学生党员教育工作的管理机制

认真贯彻落实大学生党支部工作条例，首先要强化党的基层组织建设，其次要建立有效的学生党员教育管理机制。

一是健全毕业生党员的管理机制。对应届毕业生党员进行毕业前的集中教育，强化他们的党员意识，对组织关系暂时保留在学校的党员提出参加组织生活、交纳党费、发挥作

用等明确具体的要求。组织毕业生流动党员定期进行思想汇报和参加组织生活，按时做好毕业后学生流动预备党员的转正工作。二是建立学生党员行为约束机制。建立组织生活制度、党日活动制度、民主评议党员制度。通过落实制度促使学生党员在校做到：入党后做到学习勤奋刻苦，学习成绩不降低；工作积极努力，业绩不降低；全面提高素质，综合测评不降低。三是建立并实施有效的评价体系。对二级党校组织的入党积极分子培训进行质量管理，变结果管理为过程管理。建立监督保证体系，使政治理论教育在动态中发挥作用。科学制定全面的考评指标体系，要严格考评程序，考评结果要与预备党员转正、年度考评、评奖评优挂钩，以保证学生党员队伍的先进性和纯洁性，树立优秀党员的旗帜。

第二节　新媒体理念下高校国家安全教育

新媒体时代的国家安全面临着新威胁新挑战。高校作为培育青年一代的关键场所，正成为涉及国家安全案件、事件的多发区与薄弱点。对新媒体的安全认知不到位、体制机制不健全、师资队伍建设不完善等，是高校国家安全教育的突出短板。当前，高校务必紧扣形势需求及青年一代的新特点，充分利用新媒体技术优势，通过加强信息监管、构建立体教育体系、健全师资队伍等举措，切实提升大学生维护国家安全的思想意识和行动自觉。

近年来，我国新闻媒体披露多起国家安全机关侦破的高校学生陷入境外间谍组织策反阴谋案例，深刻凸显出我国国家安全面临的严峻形势，高校正成为涉及国家安全事件、案件的多发区与薄弱点。认真审视此类事件、案件的发端演进，其多与网络媒介关系密切，并且呈现日趋显著之势。在新媒体时代，国家安全的范畴和指向呈现出更加全面与多元，其内涵和外延空前丰富，时空领域空前宽广，内外因素空前复杂。面对新形势与新挑战，习近平总书记提出的总体国家安全观，为我们认识和维护国家安全提供了根本依据和基本遵循。作为与新时代同行的青年群体，当代大学生承载着伟大的时代使命；作为新媒体时代最广泛、最积极的参与者与实践者，大学生国家安全意识的提升，对于防范各类风险、维护国家安全至关重要。

一、新媒体时代强化高校国家安全教育实效的必要性

（一）国家安全的相关威胁因素更具动态性与关联性

如今，以互联网和移动终端为标志的新媒体，在深刻改变着社会形态和推动社会发展的同时，也与国家的政治经济发展紧密相关，往往容易成为境内外敌对力量渗透的重要渠道和窃取情报的重要平台，成为各种谣言和群体性事件苗头滋生的温床，产生着一系列政治、文化、意识形态等严峻的国家安全问题。在进入信息时代之前，国家安全面临的威胁相对简单清晰，其应对手段也比较简洁迅速。自新媒体诞生之初，媒介就快速呈现出全新

的形态，如网络论坛、博客、微博、微信、移动互联网等，而且随着技术的改进与提升，媒介形态进一步呈现多样化。"随着社会信息化程度大幅提升，新媒体正日益成为对敌斗争的重要战场、维护国家安全的一个制高点。"

在信息网络快速扩张的背景下，国家安全面临的潜在威胁因素日趋复杂，呈现出显著的潜在性和隐蔽性，并伴随着显著的动态性特质。换言之，新媒体时代的国家安全往往容易受到来自网络的渗透与攻击。伴随着信息网络技术的发展，社会各个层面的纵向与横向联系更加紧密，其中任何一个环节或者领域遭受攻击，都有可能波及其他层面。尤为关键的是在新媒体时代，置于互联互通网络中的事务大都具有高度的关联性，以此为载体发起的对国家安全的攻击行为将会对经济社会发展和人民生产生活产生显著的间接或直接危害。因此，新媒体在给经济社会发展带来巨大收益的同时，也因其自身显而易见的特征给社会稳定乃至国家安全产生着潜在的或直接的危害。

（二）对大学生进行国家安全教育更具现实性和紧迫性

新媒体时代正快速改变着人类的生活和交流方式。高校的教育内容、思维模式和方法也呈现出前所未有的多元与包容，育人过程面临的外来挑战也日趋严峻。"国家安全教育是国家安全战略布局的重要举措，也是高校落实立德树人根本任务的关键内容。"高校大学生正处于人生观、价值观和世界观的塑造成型期，在面对新生事物时欠缺理性审视能力和批判能力，因而往往容易会被西方的价值观念渗透洗脑，境外势力利用自身在新媒体技术方面的优势，对我国大学生在网络层面进行持续的意识形态渗透。青年大学生肩负着实现中华民族伟大复兴的历史使命，他们的国家安全意识形态建设关系到我国青年一代的安全认知水准和社会的长治久安，因而在新媒体新技术产生的复杂语境下，强化高校的国家安全教育具有尤为重要的现实意义。

相关的案件、事件表明，新媒体技术在带来诸多便利的同时，也正越来越明显地成为境内境外敌对势力渗透、获取关键情报及实施网络侵入、制造网络谣言、煽动秘密活动的媒介载体，对国家的政治、经济和文化安全带来一系列严峻的挑战。相关职能部门必须以高度的政治清醒和自觉，及时把握当前新媒体技术快速发展的形势，认真研判当前我国高校的国家安全教育体制机制，及时补足短板，紧跟形势，全面贯彻和落实新时代总体国家安全观，切实将其作为加强我国高校思想政治工作改革创新的重要切入点和关键着力点。

二、新媒体时代高校国家安全教育存在的突出问题

（一）高校对新媒体技术的安全认知与风险防范不到位

目前，我国高校的国家安全教育起步不久，多数还基本停留在讲座报告与举行少量宣传活动的层级，鲜有开办相关专门必修与选修课程。个别开办有相应课程的学校，教学内容往往缺乏深度与广度，教学方式也缺少创新性，智能化、系统化的教育教学实践屈指可数。总体上看，一些高校在认知层面更是把国家安全教育简单视同为爱国主义教育甚至国

防军事教育，认为学生接受过这类教育就相当于接受了国家安全教育，并且其教育内容大多依然停留在战争、反间除特等传统视角，缺乏对新媒体新技术背景下总体国家安全观的整体认知和把握，从而在教育过程中容易导致青年大学生的国家安全意识出现错位失位。

与此同时，高校对新媒体背景下国家安全的风险防控存在较多的不到位。开放性与虚拟性是新媒体的最大特点，任何参与者都可以跨越空间以虚拟的身份参与其中。移动互联的普及和多种全新社交媒体 APP 的普遍运用，使人人都可以轻易成为信息的发布者和传递者。新媒体爆炸式的传播速度和几何指数级的传播方式更易使得信息在极短时间内得到蔓延式传播，这无疑给境内外破坏势力和别有用心者构建了一个便捷、高效的媒介平台。利用这些平台，境外势力积极从事着政治煽动和文化渗透，对我国国家安全构成严重威胁。同时，新媒体背景下成长的青年一代，思想活跃开放，大量良莠不齐、真伪难辨信息的出现，极易造成青年学生理性辨别的迷失。网络世界的虚拟和弱规范性，也使得一些大学生存在法制观念淡薄、责任意识不足、保密意识缺失等显著特征。

（二）高校运用新媒体开展国家安全教育的体制机制不健全

现阶段，从我国高校的机构设置看，缺乏专门组织实施国家安全教育的职能部门。不少高校至今并无明确的国家安全教育管理职能部门，部分高校甚至将这一职能归置于学校保卫部门的安全教育之中。从高校人才培养方案的内容设置上看，大多数高校尚未将国家安全教育课程列入其中，仅在思想政治理论课或者军事理论课等课程中有所涉及。从教材教辅的选用上看，全国范围内适用的国家安全类教材教辅尚未问世，而地方版本的教材又良莠不齐，质量难以保障。从操作手段上看，高校运用新媒体新技术开展国家安全教育的场所尚未有明确界定，实施的系统平台也缺少应有规范，相应的保障条件存在缺失。这些现状与新形势下国家安全教育应有的地位和作用极不相称，使得高校国家安全教育的针对性与实效性无法有效得以体现。

（三）高校国家安全教育的师资队伍建设不完善

高校开展国家安全教育，核心在人，关键在师资。现阶段，我国高校亟须建立起一支能够适应信息技术发展趋势、政治立场坚定、专业知识扎实的国家安全教育专兼职教师队伍。长期以来，高校从事国家安全教育的师资队伍呈现明显的缺失状态，这既有我国国家安全学科专业发展起步较晚的客观原因，更在于高校相应的引导、扶持、激励政策不足而产生的现实困境。当前，高校国家安全教育的师资队伍大多由思想政治理论课教师或者学生辅导员兼任，相关的专业课程也多由形势与政策、思想品德修养和法律基础等课程代替。由于知识结构、专业储备、认知导向等原因，许多任课教师往往容易将国家安全教育与思想政治理论教育混淆，忽视了国家安全教育自身的独特性与不可替代性，更缺乏利用新媒体新技术开展国家安全教育的能力和动力。

三、新媒体时代高校国家安全教育体系的构建

（一）以总体国家安全观为统领作为高校开展国家安全教育的前提

习近平总书记强调指出："始终把国家安全置于中国特色社会主义事业全局中来把握，充分调动各方面积极性，形成维护国家安全合力。"高校国家安全教育是一项系统性和基础性工程，需要职能部门给予足够重视，充分认识到对青年大学生开展国家安全教育的重要性，系统地展开顶层设计，科学谋篇布局。要深刻学习领会和把握总体国家安全观的时代内涵与价值意蕴。总体国家安全观包含了经济、政治、文化、军事等 11 种丰富多样的安全类型，是新时代维护和塑造国家安全的方向指针，应时应势。"总体国家安全观"正是在应对全球国际环境变化、网络空间力量博弈以及中国互联网发展的大背景下提出的。

基于此，新时代高校开展国家安全教育，要坚持以总体国家安全观为统领，牢固树立"大安全"的时代理念。积极突破以反间谍防渗透、国防安全、保密培训等为主的传统国家安全教育模式的局限，紧密结合总体国家安全观所蕴含的精髓与要义，强化对学生开展新时代国家安全内涵与逻辑教育的力度。同时高校要立足人才培养目标和学科发展特色，着重在与自身学科、专业方向关系密切的领域加强国家安全知识及法制教育，推进总体国家安全观在青年大学生中深入人心。

（二）以德能共塑作为高校强化国家安全教育的核心

随着新媒体新技术日新月异的发展，众多新兴媒介已充分融入大学生的日常学习生活中。教育部在《关于加强大中小学国家安全教育的实施意见》中确立了构建中国特色国家安全教育体系的总目标，要求把国家安全教育融入学校教育教学活动各层面，贯穿人才培养全过程，这为高校实施国家安全教育提供了目标遵循。事实上，绝大多数高校学生普遍具有维护国家安全的朴素意识，但在价值观念塑造与理性认知方面往往缺乏清晰的指向与及时的引导。这就需要将价值观这一思想品德培养的关键要素，突出为高校强化国家安全教育举措的重中之重。

在开展国家安全教育过程中，务必立足我国国家安全的新态势和高等教育的新特征，以新媒体新技术为关键抓手，多视角全方位向广大青年学生讲好、讲明、讲透总体国家安全观，着力聚焦其形成的历史背景、时代意义、关键内容和核心要义等内容，积极引导青年学生形成维护国家安全的理念自觉。与此同时，着重从培育网络风险识别能力、提升关联事件应对能力等方面入手，通过新媒体新技术全面推进学生自身的国家安全能力塑造和提升。

（三）以制度建设作为高校推进国家安全教育的根本

新媒体新技术带来的挑战和机遇并存。高校要紧密结合自身实际，充分重视并利用好多种技术平台，积极构建课上课下、校内校外等复合渠道，利用微信、微博、抖音等各种

方式和技术手段，在校园新媒体运用中生动巧妙呈现国家安全教育内容，以接地气的姿态和方法，增强其对青年大学生的吸引力和感召力。正如教育部在下发的《关于加强大中小学国家安全教育的实施意见》中所指出的，"创新方式方法和平台载体，充分发挥互联网优势，建立国家安全教育案例库，分级分类开发在线课程"。因此，综合运用新媒体新技术开展国家安全教育，已成为我国高校的责任担当和发展必然。

迄今，我国高校的国家安全教育大多尚处于起步与摸索阶段。以教学体系、保障机制、考核准则等为核心的制度建设在这一进程中应该发挥起关键作用。在教学体系上，务必将国家安全教育纳入高校最新的人才培养方案，明确国家安全教育专业课程应有的重要地位。全面创新教学方法与内容，充分运用新媒体新技术等手段，强化国家安全教育课程的吸引力与实效性。在保障机制上，要通过健全组织领导机构、充实师资队伍、加大政策与经费投入、优化教育资源等措施，切实保障高校国家安全教育良性发展。在考核准则方面，根据教育部《关于加强大中小学国家安全教育的实施意见》规定，结合高校自身实际，逐步探索将教师与学生参与国家安全教育实践的现实表现，分别纳入相对应的绩效考核与综合素质档案中，并作为评优评先的参考依据。

青年大学生是实施国家安全教育的关键受众，是新媒体时代维护国家安全的重要力量。党的十九大报告中明确提出，要加强全民的国家安全教育，习近平总书记也对新时代中国青年的成长寄予厚望。2015 年 7 月，全国人大颁布施行《国家安全法》，将每年的 4 月 15 日确定为"国家安全教育日"，并首次在法律层面确定了国家安全的内涵，意味着我国对国家安全的认知，已由传统狭义的反间反特范畴演进为广义的综合性大安全范畴。2017 年 6 月，我国《网络安全法》正式颁布施行，成为推进网络强国建设和维护国家网络安全的基本法。2018 年 4 月，教育部印发《关于加强大中小学国家安全教育的实施意见》，要求各地学校做好国家安全教育工作，增强学生的国家安全意识。上述一系列法律法规为新媒体时代的国家安全维护提供了法治遵循和路径指引，高校应全面推进新媒体优势为国家安全教育所用，充分发挥新媒体的积极作用，切实为国家安全和经济社会发展做出应有贡献。

第三节　新媒体理念下大学生理想信念教育

新媒体作为一支新生力量已经异军突起，成为当今时代一种非常重要甚至不可或缺的传播工具，并深刻影响着大学生的思想行为。因此，要有效实施大学生理想信念的教育，需要在新媒体视域下创新大学生理想信念的教育途径。利用新媒体占领大学生理想信念教育的阵地，打造高素质的教育工作者队伍，创新大学生理想信念教育的内容，创新大学生理想信念教育的方式。

2018 年 8 月 20 日，中国互联网络信息中心发布的《第 42 次全国互联网络发展状况统计报告》显示：截至 2018 年 6 月，中国网民规模达到 8.02 亿，互联网普及率达到 57.7%，其中，移动互联网用户数达 7.88 亿，占 98.3%。中国网民中学生人数最多，占 24.8%。由此可见，新媒体作为一支新生力量已经异军突起，成为当今时代一种非常重要甚至不可或缺的传播工具，并深刻影响着大学生的思想行为。因此，要有效实施大学生理想信念教育，需要在新媒体视域下探索创新大学生理想信念教育的适当途径。

一、新媒体视域下大学生理想信念教育的机遇

随着信息时代的到来，由于新媒体的虚拟性、开放性等特点，给大学生理想信念教育带来了新的机遇。教育工作者应勇于抓住这一机遇，用好这一平台，增强对大学生理想信念教育的实效性。

（一）新媒体信息传播的无屏障性打破了时空的局限

在传统媒体条件下，由于时空的限制，大学生理想信念教育基本上是通过课堂思想政治理论教师的理论教学和大学生有限的社会实践活动来实现的，这可能造成大学生的学习积极性不高，使得教育效果不理想。由于新媒体没有时空的限制，新媒体的教育能够随时随地为大学生提供优秀的教育资源。教育者不用拘泥于课堂教学，可以有效借助新媒体丰富教育方式。教育者可以在课后通过各种的活动形式来进行辅助教育，积极引导大学生的思想道德行为，这样的教育方式正是大学生理想信念教育以学生为本的体现。比如，当代大学生经常在论坛、贴吧、微博、微信等平台上对一些信息进行讨论和发表见解，在这些信息中，他们肯定会关注和讨论到与理想信念相关的新闻与话题。通过这种方式，大学生能够树立正确的理想信念。

（二）新媒体的平等性和虚拟性增强了大学生理想信念教育工作的实效性

在传统的理想信念教育中，教育者采取多种途径教育受教育者。在这种"一对多"的教育模式下，教师很难关注每个学生的情感，同时，教育信息在传播过程中不可避免地衰减，导致大学生理想信念教育缺乏针对性和直接性。但新媒体可以弥补这种缺陷。当今，随着新媒体不断地融合到教育工作中，大学生理想信念教育的实效性得到很大提升。比如，高校教师用课堂派方便了教师与大学生的交流。我们可以借助新媒体平台加强人们之间的交流以及沟通，这种方式不仅具有一定的私密性而且又具有相对的平等性。因为大学生在接受教育时，他们处在一定的虚拟环境中，在这不仅可以改变自己的身份、相貌，还可以与教育者角色互换，果断地表达自己内心的想法。这种双方互相作用的教育形式不断推动了大学生理想信念教育的进程。与此同时，新媒体逐渐消除了师生之间的差距，缩短了彼此之间的距离。大学生不再畏惧以往的不平等关系，可以勇敢地表达自己的观点并表达其内心的想法。对此，教育工作者可以发现问题，针对大学生进行有针对性的指导和教育，从而提高理想信念工作的有效性。

（三）新媒体的迅捷性和开放性为大学生理想信念教育提供了更广阔的平台和丰富的资源

新媒体是大学生理想信念教育的重要工具，其能帮助我们吸收一切有利的信息资源。我们可以借助新媒体将不再局限于传统的教育教学模式。传统的理想信念教育往往有很多条件的约束，仅能依靠纸媒传递思想或在自身经历中寻找素材、搜集信息，内容更新换代较慢，缺乏说服力，受教育者很难感同身受，因此教育效果不理想。然而，新媒体技术的运用对这种问题进行了改善。新媒体优势之一就是信息资源丰富。生活、学习、娱乐等方方面面的信息都能在新媒体领域查找，各大在线数据库、图书馆等海量信息基本上可以满足大多数人的知识需求，成了各类知识人群可信赖的信息资源。相对于纸媒来说，新媒体可以将图像、声音、文字集于一体，将抽象事物具体化，从而导致理想信念这种抽象的理论教育内容具体化，有利于吸引教育者尽快接受，这样大大地提升了教育效果。

二、新媒体视域下大学生理想信念教育的挑战

任何事物都是一分为二的，比如，新媒体就可以说是一把"双刃剑"。高校理想信念教育者应当看到其为大学生理想信念教育创造了新机遇，同时也要认识到新媒体的出现也带来许多负面影响。

（一）新媒体信息传播的无屏障性加剧了西方消极腐朽思想的传播

由于新媒体信息的"无屏障性"，一些落后和消极的思想可能会通过新媒体进行传播，这对大学生的理想信念教育构成了严峻的挑战。而新媒体在西方运用得比较早，所以新媒体信息技术比中国更先进。以其领先的西方某些势力，利用新媒体藏污纳垢，"在向他国输出技术和装备时，往往把他们的文化和价值观念连同装备（包括软件）一起输出了。"比如，一些西方势力在网络上对中国网民大肆传播有关历史虚无主义、资本主义民主论等错误思想。然而，在心智上还没有完全成熟的大学生如果过分依赖新媒体，这很容易导致部分大学生受错误思潮的影响。网络上一些不负责任的言论造成大学生对理想信念认识模糊、对艰苦奋斗精神有所淡化。

（二）新媒体的开放性和虚拟性冲击了大学生的正常生活方式

当今，由于新媒体的虚拟性，部分大学生开始习惯于通过新媒体匿名与人交流以及了解、发布信息。因而部分大学生认为，一切事情都可以依靠新媒体来完成。正如学者们所说，"新媒体所造成的'圈子化''部落化'改变了人与世界的关联方式。"因此，他们减少了与他们的朋友和家人的联系时间，减少了走出户外的机会，时常沉浸在虚拟的世界中。长此以往，人与人之间没有感情的交流，人际关系逐渐萎缩，甚至有些大学生会产生一定的人际交往障碍，自身性格也变得孤僻，严重危害大学生的身心健康。新媒体不仅给人们带来了丰富的知识资源，而且带来了娱乐资源。大学生的校园生活环境相对自由，没有了

以前的升学压力，再加上没有父母、老师的监管，因此网络游戏、电子游戏成为大学生中的"宠儿"。部分大学生缺乏自律性，容易沉迷于游戏当中，将游戏视为生活中必不可少的一部分，忽略和脱离现实世界，完全打乱了其正常生活。错误的三观认知会致使个人走向歧途，危害社会的发展，自然也不会树立正确的理想信念。

（三）新媒体的迅捷性和互动性增加了教育者的工作难度

如今，新媒体的互动性比较强。而新媒体又正以飞快的速度进入校园，不断影响着大学生的生活。因此，高校的教育工作者应当充分认识到新媒体在为教育工作者提供种种机遇的同时也增加了教育工作者的工作难度。对于教育工作者自身而言，缺乏与信息化教学匹配的媒介素养。一些高校教师对新媒体教学的硬件设施不能熟练掌握。例如，在备课的过程中不会查找与课题相关的视频、音频、图像等资料，只是一味挖掘书本上传递的知识。因为对新媒体不能熟练掌握和接受，所以他们没有完全转变自己的教学观念，还是喜欢对大学生进行传统的理论灌输，从而导致了课堂教学的形式单一、内容枯燥。在这样的情况下，大学生自然丧失了追寻知识的兴趣。同时，教育工作者自己的观念和知识储备量也受到了信息化平台的挑战。教育工作者传授的教学内容潜移默化地影响和感染着受教育者，也决定了他们会树立怎样的理想信念。陈进华学者曾强调过，"我们要提高高校思政工作者驾驭网络的能力，将建设一支高素质的、善于开展网络工作的教师队伍作为新媒体时代高校意识形态战线的重要任务。"因此，教育工作者应及时更新观念，紧跟时代步伐，探索新媒体视域下的理想信念教育途径，落实好大学生理想信念教育。

三、新媒体视域下大学生理想信念教育的创新途径

当今，受社会上一些错误价值观的影响，部分大学生在理想信念问题上存在着错误的认知。因此，高校必须从自身做起，进行途径创新，增强大学生理想信念教育的实效性。

（一）利用新媒体占领大学生理想信念教育的阵地

党的十九大报告中指出："加强互联网内容建设，建立网络综合治理体系，营造清朗的网络空间。"目前，各种社会思潮不断涌现，而当今大学生又缺乏辨别是非的能力，很容易受到这些社会思潮的影响。因此，教育工作者可以借助新媒体通过社会主义核心价值观来领先占领大学生思想领域阵地。一方面，要发挥教师教书育人的作用。"师德"的好坏直接影响学校的教育质量的好坏。现在，师德问题已经引起社会的广泛关注。因此，在教学工作中，教育工作者应传递正能量，避免负能量，培养学生善良的品质；另一方面，加强对社会主旋律的宣传教育。教育工作者要宣传和发扬健康向上的社会思潮。他们可以通过新媒体教育的宣传，例如每逢有重大事件发生时或者周年纪念日活动，教育工作者可以在微信公众号中推出专题栏目，用具体实例对大学生进行理想信念教，"微信公众号对订阅关注的目标群体在短时间内会释放出巨大的影响力"，让大学生潜移默化地受到正能量的滋养。

（二）打造高素质的教育工作者队伍

习近平总书记在全国高校思想政治工作会议上指出："高校教师要坚持教育者先受教育，努力成为先进思想文化的传播者，更好地担负起学生健康成长指导者和引路人的责任。"当今，新媒体迅猛发展，信息的层出不穷，对新媒体视域下教育工作者提出了更高的要求。因此，我们需要打造一支高素质的教育工作者队伍。教育工作者首先要提高自身的学术水平和增强学科知识功底。在校园里，教师是学生的楷模，学生最有可能去模仿他们的行为，所以教育工作者必须对自己严格要求，努力学习专业知识，充实自我，从而提高自身素质。其次，教育工作者要掌握基本的网络知识，掌握一定的网络技术和相关专业知识，主动积极地将新媒体纳入理想信念教育之中，融入课堂教学中，突破传统教学模式的惯性思维，识别、筛选利弊信息，正确有效传播，提高新媒体教学的时效性。最后，教育工作者应将新媒体技术与教育方法相结合。比如，让对新媒体不熟悉的年长教育者与对教育方法不能熟练运用的年轻教育者组成搭档，互相配合，联合完成教育任务。

（三）创新大学生理想信念教育的内容

丰富教育内容是大学生理想信念教育的灵魂和核心，它能够使大学生理想信念教育始终保持蓬勃向上的生机。同时，目前高校思政理论课的教学内容也不是一成不变的，而是需要根据时代发展的需要，不断因时而化、因势而进。因此，教育工作者应对大学生理想信念教育的内容进行创新。一方面，引入时效性强的内容。在对大学生进行理想信念教育时，他们可以借助新媒体，在品德课的教学内容上添加新闻热点、社会民生以及国家实事等鲜活的教育素材，使其能感染、吸引到大学生。此外，可以借助新媒体宣传优秀人物事迹，使大学生们在情感上产生共鸣，感受榜样教育的力量。另一方面，加强内容的针对性。对于在高校中出现的新问题，教育工作者解决问题时要有针对性地提出解决方案。比如，由于各个年级的大学生所面临的问题不同，教育工作者可以具体问题具体分析，将新媒体视域下的理想信念教育内容通过微信公众号，向不同年级的大学生进行分类推送，进而提高大学生理想信念教育的实效性。

（四）创新大学生理想信念教育的方式

正是由于新媒体具有互动性、开放性等特点，新媒体对大学生理想信念教育的影响力越来越大。因此，理想信念教育要想取得良好效果，就必须对大学生理想信念教育的方式进行创新，实现单向灌输与双向交流结合、线上线下互动，才能有效提升教学工作的实效性。当今，在实现单向灌输与双向交流结合方面，教育工作者不一味采取传统理论灌输的方式让学生被动学习，而应该通过教育引导方式对大学生进行理论的灌输。比如，在高校思政理论课的教学中，可以通过运用案例教学、实践教学等方法，引导大学生积极地参与到课堂互动中，激发大学生学习的兴趣，提升学习主动性。在线上线下互动方面，教育工作者应不再局限于与学生线下的交流，也可以借助新媒体平台与学生保持生活、学业上的联系。比如，他们可以用课堂派与大学生进行私密沟通，对大学生进行课堂教学后的答疑或者交流。在这样新媒体教育环境中的自由平等互动交流有利于大学生放松心情，拉近彼此的距离。这种利用线上平台优势的方式，增加了对大学生理想信念教育的实用性、时效性。

第四节　新媒体理念下大学生思政文化教育

随着国际形势的日益变化，新媒体逐渐成为各种多元文化和非主流思想意识孕育与传播的温床。新媒体信息全程化、全息化、全员化和数据化的传播特点深深地影响着高校的大学生信息的接受方式，从而对高校思政教育工作带来了诸多的挑战。面对挑战本节试图从发挥党建统领、组建高素质思政队伍、强化两个平台、营造良好教育环境等方面探索高校思政教育工作的新路径，构建"大思政"格局。

"新媒体"是与报纸、电视、杂志等传统媒体相对应的借助网络和数字技术以通讯社交软件为载体的新型数字化传播形式。在 4G 时代，借助互联网渠道以手机或电脑为终端的新媒体形式成为时代的主流。根据第 44 次《中国互联网络发展状况统计报告》，截止2019 年 6 月，中国网民规模达 8.54 亿，网民以 10-39 岁群体为主，占整体的 65.1%，学生群体占比最高，达 26%。根据相关研究，新媒体已经成为大部分大学生支配课余时间的首选行为，其对大学生潜移默化的影响力显著增强。随着国际形势的日益变化，新媒体逐渐成为各种多元文化和非主流思想意识孕育与传播的温床。如何通过摸清新媒体信息传播特点，科学了解大学生群体使用新媒体的现状和规律，运用新媒体推动思政教育工作，将其传统优势同信息技术高度融合，增强时代感和吸引力，使新媒体这一"最大变量"成为推动高校思政教育工作的"最大增量"。用新时代中国特色社会主义思想铸魂育人，引导学生扣好人生的第一粒扣子，直面各种错误观点和思潮，成为当前我国高校思政教育工作中一个迫切需要解决的问题。

一、新媒体信息传播的主要特点

（一）信息传播全程化，突破时空与地域限制让即时新闻成为现实

相比报纸、杂志等传统媒体，新媒体可以让事件从发生到结束始终处于传播的链条之中，让整个事件实时向接收端的公众发布和传播，这让事件的传播突破时空与地域的限制，实现了信息的时时直播。在微阅读时代，信息通常会选择紧扣时代脉搏、直击社会痛点热点以及国际最新动态，通过某一视角去解读点评当前的问题。这种直观、高效、具有跨地域视角的富有冲击性传播特点逐渐受到大学生群体的喜爱。社交平台、搜索引擎、网络视频、论坛、网络游戏 APP 等网络即时通信工具都成为大学生利用手机或电脑获取信息的新媒介。借助新媒体，大学生能突破时空限制，更加及时全面地接收到时时发生的各种信

息。同时海量的碎片化、片面化的良莠不齐、真假难辨的网络信息也会冲击着大学生的社会认知，甚至对其人生观和价值观产生误导作用。

（二）信息传播全息化，传播形式更加多样与立体

快速发展的互联网技术，让信息彻底摆脱了简单的文字与图表形式，音频、影像、游戏、VR 等多种通讯媒介给受众带来了更加多样、直观和立体的全新体验。信息发布者通过降低信息的严肃性，注重接受群体的感官性享受，使信息逐渐具有泛娱乐化的倾向，譬如将晦涩难懂的理论知识通过喜闻乐见的漫画形式呈现、将社会焦点与热点进行感性化的点评表述、对特定群体进行"订单式"个性信息服务等。这些方式让信息更加的直观和形象，内容更具有吸引力，从而更易被大众所接受与传播。这种超文本的传播手段迎合了受众的感官享乐，也逐渐改变着大学生的阅读习惯和信息接收方式，让快餐化、跳跃化和娱乐化的浅阅读形式成为主流。随着知识付费时代的到来，小众的付费阅读群体也受到追捧，像知识星球、小红圈、樊登读书等付费阅读平台也逐渐兴起。

（三）信息传播全员化，从"我说你听"到"人人都有麦克风"

互联网的交互性、多元性和开放性，改变了传统媒体"主导受众"的倒金字塔式的单向信息传输模式。新媒体降低了传播主体的准入门槛，为"受众主导"提供了接受和表达信息的平台，使话语权从"我说你听"变成为"人人都有麦克风"。信息传播的全员化满足了群体表达信息的欲望，表达的信息多为身边发生的小事或趣事，具有明显的平民化、草根化的特点。部分以营利为目的新媒体从业者为追求更高的阅读量或转发量，不顾职业道德与素养，利用各种语言传播技巧与传统媒体相结合，通过对信息进行整合、加工与解读，将掺杂隐性的、情绪化的、非理性信息的爆款文、营销文向经济、政治等思想意识领域渗透。导致网络上的信息质量参差不齐，真假难辨，以致让低俗迷信、色情腐朽、炫富攀比、伪科学以及披着"民主、自由"外衣的反动信息横行网络，对主流媒体的舆论引导作用产生影响。

（四）信息传播数据化，受众更精准效率更高效

新媒体时代，受众利用移动终端在互联网上通过各种检索工具从海量网络信息中查询到自己感兴趣的信息。同时互联网公司也通过大数据、云计算及 AI 等技术分析受众的阅读习惯和阅读爱好，根据用户的阅读习惯更精准和高效的投放信息，提升软件的客户黏度。信息传播的数据化颠覆了信息传播的路径，使网状化和裂变化的传播路径逐渐成为主流。热点事件或舆情通过网络发酵，各种意见、评论、对话和冲突形成强烈的"舆论场"，舆论中心和焦点被整合放大后，极易造成舆论场的互动和共振，形成网状化传播；麦特卡夫定律强调，网络的价值随着用户数量的增多而呈指数式增长，因此热点舆论或评论会依托"粉丝"路线和好友转发两种方式进行裂变化快速传播。新媒体环境下，信息的传播路径已经彻底由单向化、窄流量转变为精准化、高效化和快捷化。

二、大学生使用新媒体工具的特点

根据一项关于大学生使用新媒体工具的调查研究，大学生使用的新媒体类型主要为社交类、新闻类、视频类和音频类等；使用最频繁的即时通讯软件为微信和QQ，部分大学生有使用境外软件或自媒体的记录。大学生对新媒体信息的选择更倾向于娱乐类的音频和文学信息，对宣扬主旋律的作品关注度较低；对公众号信息的选择更倾向于与学校相关的公众号，对官方媒体和政府宣传部分公众号关注度最低。

大学生对新媒体工具的使用呈现出三个特点：一是对新媒体工具的依赖程度高，以交友和即时通讯为主的微信和QQ已经成为大学生最主要的自我表达和互动平台。大学生们喜欢将自我形象与兴趣爱好的展示、学习和生活的感触、个人情绪和内心感情、对待某事件的态度和观点、人际交往与互动等内容展示在平台上，以期获得同学和朋友的价值认同，满足内心对诉求的需求。二是大学生所获取的新媒体信息具有泛娱乐化，娱乐性强和与当前潮流相吻合的新媒体信息更容易获得大学生的青睐。大学生喜欢通过在线观看视频类节目和在线收听流行音乐等形式追求精神的放松和感官的刺激，以期获得情感的满足和精神的支撑。三是二次元文化现象明显，以游戏、动画、漫画和轻小说为主的架空、幻想、虚构类艺术作品，由于其可以通过虚拟人设进行社交娱乐，为大学生提供了一种探寻内心真实的兴趣爱好，寻找理想中的自己或朋友，从而获得身份认同感的平台。因此以"宅"为行为特征，以"高冷""呆萌"为特质的二次元文化更容易获得95后大学生的认同感。

三、新媒体对高校大学生思政教育工作带来的挑战

以微信、微博及客户端为主要代表的新媒体让信息的传播呈现出新模式，为处在学习阶段的大学生接受专业和思政教育领域的相关知识提供了丰富的途径和手段，但同时我们也必须要看到，新媒体是一把双刃剑，大量被伪装过的不良信息也通过新媒体为大学生的思想意识工作带来挑战。

（一）新媒体传播信息的多元化使核心价值观的主导地位受到挑战

传统媒体时代，思政教育工作的传播需要借助传统媒体为载体，依靠政治动员的方式进行具有明显的单向性、强制性和导向性的思想政治教育工作，"保持了主流思想意识至高无上的地位"。新媒体时代信息的传播特点，打破了信息的垄断，各类网络公众号、微博大V等新兴媒体挤占了官方媒体的网络空间，通过改变信息内容和传输方式，吸引广大大学生的关注和参与，潜移默化地影响和冲击大学生的认知体系。另外我国经济社会正处在快速发展期，按劳分配为主的多种分配方式相结合的分配方式必然导致利益诉求的多样化，各种社会思潮、多元的价值取向等内容在互联网上相互激荡、不断渗透，对大学生的信息选择产生影响，造成价值取向的多样和迷茫，导致核心价值观的主导地位受到挑战。

（二）大学生信息接收方式的喜好使核心价值观的传播方式受到挑战

新媒体多形态和立体化的传播体验，平行性和互动性的传导模式，将图文声乐结合在一起的直观形象的信息载体成为大学生喜闻乐见的信息接收形式。但我国高校思政教育工作在基础学科的设置、教学内容的更新、基础设施建设等方面存在明显的短板。教师在思政教育授课过程中，如何坚持"问题导向"，密切关注学生关心的切身利益、困惑和价值观迷茫问题；如何坚持与时俱进，提升对新媒体的使用能力，改善呆板落后的教学方法，提升学生的互动性和主观积极性；如何增加教学内容趣味性，积极对国际国内的时政热点及重大的政治问题和社会问题及时发声等方面都提出了挑战。

（三）新媒体信息的传播方式对高校管控大学生思想动态的能力提出挑战

新媒体是高校思想政治教育必须抢占的新阵地，如若失控，将对大学生思想动态的管控产生极大的挑战。譬如，信息传播主体的广泛性提高了对舆情来源的排查难度，信息传播的碎片化提高了社会主义核心价值观对大学生思想动态的引导难度，信息传播的网状化和裂变化提升了阻止负面舆情在学生群体中的扩散难度，信息传播的多样性和复杂性提升了对反动落后及西方思想意识的辨别难度，信息传播的虚拟性则使道德意识和法律观念对学生的自我约束能力减弱，极易变成不良信息制造或转发的主体，对大学生的思想政治教育产生阻力。

（四）新媒体信息的复杂化使大学生思政防御能力受到挑战

西方敌对势力将高校作为向我国兜售资本主义价值观和思想意识的主要阵地。通过巧妙的伪装，运用各种方式将西方的"自由、民主、人权、平等、博爱"等话语与当前国内社会热点相结合，有目的和针对性地进行传播，从而动摇大学生对核心价值观的认同。另外出于行业竞争等原因，部分新媒体从业人员会有目的的选择争议事件，通过进行不实报道、断章取义、图文不符等方式有意引导舆论走向，适时地借助网络大V和意见领袖的推波助澜，增加舆论本身的复杂性和多样性。大学生群体由于缺乏对社会热点和核心价值观全面深入的科学认知，极易被这些舆情的表面所蒙蔽，因此对大学生思政教育的安全防御工作提出了挑战。

四、新媒体时代高校大学生思政教育工作的路径选择

随着互联网技术的快速发展，各种新媒体软件不断推陈出新，为新时代大学生思政教育工作带来了新的问题和挑战，加强大学生思政教育具有重要的现实和时代意义。"思想意识工作做得好坏关系到大学生是否系好了人生的第一个'扣子'，是否带着社会主义核心价值观离开了校园，关系到我党的事业是否后继有人"。高校思想政治教育工作者应站在时代和全局的高度，直面困境与挑战，探索新时代高校思政教育新路径，打造富有特色的教育模式，牢牢把握主动权，守好思政教育的主阵地，这是新时代高校思政教育工作的

重要课题。

（一）充分发挥党建统领，夯固思政教育工作的指挥部

做好高校思政教育工作的核心在于做好党建工作。高校党委班子要提高思想认识，将大学生思政教育工作作为学校党建的重要任务。加强统一领导，做好组织协调，提供制度保障；发挥党建的统领作用，党建与教学齐抓共管，以党建促教学；建立校党委主导，各院系支部和高校各组织团体协调配合，全校教职师生共同参与的工作体系；发挥基层党组织的战斗堡垒作用，在学生党建中坚持问题导向，关注学生的切身利益和实际困难，健全学生利益表达、接受、反馈与帮扶机制，在沟通中增强师生感情，提升核心价值观的认同与党建活动的凝聚力；利用社会实践、党团活动、志愿服务、校园文化创作等活动切实发挥学生党员和入党积极分子的先进性，在实践中体会社会主义核心价值观的魅力，在行动中将其内化于心。

（二）组建高素质的思政队伍，锻造思政教育工作的先锋军

当前的高校思政教育工作中仍存在思政教育与专业教学未能同向同行，协同效应不明显的"两张皮"现象。党中央领导人在全国学校思想政治理论课教师座谈会强调，办好思想政治理论课关键在教师，关键在发挥教师的积极性、主动性、创造性。因此打造一支高素质的教师队伍是高校在教育工作的基本保障。要坚持以师德师风作为教师素质评价的第一标准，打造政治要强、情怀要深、思维要新、视野要广、自律要严、人格要正的思教师队伍，让卓越教学成为教师的价值追求和自觉行动。在新媒体背景下，高校应加强顶层设计，建立健全符合新媒体宣传特点的精英团队，注重熟知计算机应用、自媒体策划、新媒体作品创作的人才培养与储备，创建具有学校特色的思政教学示范团队。

（三）强化两个平台建设，掌握思政教育工作的主动权

顺应新媒体发展趋势，主动抢占网络宣传阵地，强化对高校官方微博微信新闻客户端平台的建设。强化网络平台的服务性能，根据学生的学习状态、情感需求和生活动态就其感兴趣的话题和热点进行互动；加强网络空间信息的采集和分析能力，通过大数据分析建立校园舆情监测及预警机制，强化对网络舆情的主动研判和把控，对热点和突发问题做到及时辨别真伪，用学生易于接受的语言表达方式及时发声，发挥核心价值观的引导作用。主动创建思政教育创作平台。以"辅导员工作室""辅导员联盟"等形式为思政教师提供一个理论研究、理论宣讲和交流的平台，例如"高校辅导员联盟"公众号在抗击肺炎疫情期间，将全国各高校思政教师的文章按辅导员说、致辅导员、送给学生等专题进行推送，就特殊时期如何开展思政教育工作进行交流探索。

（四）营造良好教育环境，提升思政教育工作的影响力

校园是学生日常生活学习最重要的场所，营造良好的校园舆论环境，让核心价值观潜移默化地影响着每一位学生。邀请知名思政工作者进校园，通过举办思政讲座、学术交流

会、先进事迹报告会和学术研讨会等形式当面解答学生的困惑；通过校园广播、标语、校园绿化、校史馆等方式营造以弘扬主旋律为主题的校园环境；积极参与世界慕课大会、互联网＋大学生创新创业大赛等全国性赛事，营造敢闯会创的校园氛围；丰富社会实践的多样性，积极挖掘城市和校园的大思政教育资源。

第五节　新媒体理念下高校生态文明教育

新媒体环境下，高校生态文明教育存在着学校思想观念滞后于现实需要、师资队伍素质亟待提高、学生生态文明意识淡薄、生态教育资源十分缺乏、传统教学方法效果欠佳等诸多困境，应探究这些困境并提出切实可行的解决对策，促进新媒体环境下高校生态文明教育的更好发展。

大学生是与新媒体联系最为密切的群体，其伦理道德观念、人生价值取向等受新媒体影响极大，而网络等新媒体所能提供的生态文明教育资源非常有限，从而极大地影响了大学生生态文明观的培养。加之大学生存在着"消费主义"、"享乐主义"等价值观偏差，致使总体上大学生生态文明观念不强，生态文明意识比较淡漠，主要表现为：许多大学生生态道德意识极其缺乏，对公共环境的维护和建设缺乏关心；部分大学生生态忧患意识和责任意识不强，对全球生态危机和环境恶化缺乏忧患意识和责任感；部分大学生缺乏生态消费意识，忽视资源节约及生态保护；许多大学生缺乏生态法制意识和参与意识，对生态文明法律制度缺乏基本了解，对参与生态保护行动和生态保护事业不积极、不热心。

一、新媒体环境下高校生态文明教育的困境

（一）学校观念困境：思想观念滞后于现实需要

高校采取什么样的办学观念，直接决定着教育的内容、人才的培养。高校要培生态文明建设急需的"生态人"，就需要牢固树立起与生态文明建设相适应的办学观念，将生态文明教育落到实处。然而，在新媒体环境下，许多高校的办学观念严重滞后于现实需要，直接影响到"生态人"的培养。一方面，大多数高校的主流思想观念中还未包括生态文明观念，许多高校领导、管理人员自身缺乏生态文明观念，对生态文明教育不够重视，也很少有高校专门设置相应部门负责全校的生态文明教育。另一方面，对新媒体在生态文明教育中的巨大作用认识不足，许多高校并没有真正认识到新媒体的强大功能，没有重视新媒体对高校生态文明教育的巨大作用，尚未形成新媒体与生态文明教育相结合的观念。

（二）教师素质困境：师资队伍素质亟待提高

鉴于生态文明教育既涉及自然科学，又涉及人文社会科学，因此，在新媒体环境下高校进行生态文明教育，对教师的综合素质提出了极高的要求，要求教师必须具备雄厚的自

然科学知识功底和良好的人文社会科学素养，同时还要熟练地掌握计算机网络技术。审视高校生态文明教育的师资情况不难发现，目前高校生态文明教育大体上由思想政治理论课教师、环保专业等理工科背景的教师、计算机专业背景的教师等几种类型的教师来担任，无论是哪种类型的教师，都不能同时具备自然科学功底、人文社会科学素养和计算机网络技术三种素质，可以说，当前高校生态文明教育的师资综合素质欠缺，难以满足新媒体环境下高校生态文明教育对师资素质的极高要求。

（三）学生自身困境：生态文明意识相对淡漠

尽管新媒体环境下大量信息资源为高校提供了丰富的教学资源，但生态文明教育资源却十分缺乏，这与高校急需加强生态文明教育的客观需要极不相符。一方面课程资源十分短缺。目前，"绝大多数高校都还没有将生态文明教育列入全校公共必修课程中。只有少部分综合性大学和农、林、水等与生态文明相关、行业特色明显的高校陆续开设了生态文明相关领域的全校性选修课"，而且还鲜有网络生态文明教育课程供学生自主选择。另一方面课程外生态文明教育资源也十分稀缺。全国专业生态文明网站极少，综合网站也少有设置生态文明版块，而且很少有高校创建专门的生态文明网站或者在校园网站上设置相应的生态文明版块。可以说，当前生态文明教育资源的缺乏极大地制约着高校生态文明教育。

（四）教学方法困境：传统教学方法效果欠佳

新媒体环境下高校进行生态文明教育，对教学方法提出了很高的要求，要求教学方法既要符合生态文明教育的学科性质，又要适应新媒体环境。当前一些高校开设了生态文明教育选修课或在公共课中增加了生态文明教育内容，但大多数教师进行教学时还是采用了传统教学方法，注重内容传授，忽视新媒体环境下学生信息接收方式的改变，难以引起学生内心的共鸣，很难达到既传授给学生生态文明科学理论知识又培养了学生生态伦理道德的教学目的，实际教学效果并不理想。即便有些教师运用了新媒体，也只是将新媒体作为辅助教学的工具，未能从根本上改变传统教学方法教学效果欠佳的困境，况且生态文明教育涉及众多学科，传统教学方法根本无法将生态文明教育涉及的内容全面地展现出来。

二、破解新媒体环境下高校生态文明教育困境的对策

建设生态文明社会，迫切需要在全社会加强生态文明教育。作为生态文明教育主阵地的高校，更应该加强对大学生的生态文明教育。然而在新媒体广泛运用的环境下，高校生态文明教育面临着诸多困境，严重制约其实施效果。探究新媒体环境下高校生态文明教育的困境并提出切实可行的解决对策，对于促进当前高校生态文明教育的实施、提高教育实效具有重要的意义。

观念是行动的先导。新媒体环境下，高校要加强生态文明教育，首要的问题是解决思想观念问题。只有树立起生态文明教育与新媒体相结合的思想观念，才能真正地使新媒体环境下高校生态文明教育落到实处。高校要将生态文明观念和新媒体观念作为学校的主流

思想观念，尤其是学校领导及其管理者要树立起新观念，才能对学校其他师生员工产生示范和规导作用，引领全校重视生态文明问题，重视新媒体的巨大作用；才能在人力、财力和物力上给予生态文明教育以大力支持，积极推动全校利用新媒体这个全新的平台和载体来加强生态文明教育，从而抢占新媒体环境下生态文明教育的制高点，切实保障新媒体环境下生态文明教育的顺利实施。

（一）培养素质全面师资队伍，奠定生态文明教育基础

新媒体环境下，只有建立一支文理兼通又精通计算机网络技术的复合型师资队伍，才能为生态文明教育奠定基础和前提。当前可以采取下列措施加强复合型师资队伍的培养：其一，开展系统的专业培训。对正在从事生态文明教育的教师进行形式多样的、系统的培训，使其能够成为满足生态文明教育要求的复合型教师队伍。其二，提供生态文明教育进修学习机会。从现有教师队伍中选拔一些优秀教师到有关高等院校和科研院所进一步深造，将其打造成新媒体环境下生态文明教育的复合型师资。其三，打造生态文明教育的学科平台。借助新媒体来创建生态文明教育的学科平台，促进校际交流合作，开阔教师的教育视野，提升教师的生态教育素养和综合素质。

（二）强化校园生态文化建设，营造生态文明教育氛围

"校园文化是融入大学生生活和精神世界的最佳载体，生态文明观教育离不开校园文化的浸染和渗透"。新媒体环境下，加强校园生态文化建设，可以营造良好的生态文明教育氛围，逐渐消融网络对大学生生态文明教育的负面影响，使生态文明理念潜移默化中熏陶着大学生。要加大校园物质生态文化建设，整个校园规划、建设要遵循人与自然和谐的理念，整个校园散发着生态文明的韵致，有助于培养学生的生态道德情感和道德观念。要强化校园精神生态文化建设，利用校园媒介加大生态文明宣传，积极鼓励学生在校园内开展形式多样的生态文化活动。要重视校园生态网络文化建设，加大对学生的网络净化教育，提升学生的媒介素养，打造生态与绿色的互联网，使学生能正确利用新媒体上的资源，提升生态文明道德意识。

（三）丰富生态文明教育资源，提供生态文明教育保障

加强新媒体环境下高校生态文明教育，需要丰富的生态文明教育资源，为生态文明教育提供保障。因此，要完善生态文明教育的课程体系，要组织专家学者编写不同层次的生态文明教育的系列教材，在条件成熟的高校开设"生态科学与人类文明"等公共必修课或开设"生态文明讲坛"等选修课，条件不成熟的高校可在思想政治理论教学中增设生态文明教育的内容，使全体学生都能够得到生态文明教育的熏陶，使有志成为生态文明建设和管理专门人才的学生能够进一步得到更为深入的学习机会。要丰富课程外生态文明教育资源，建立大量高质量的生态文明网站或在综合网站、校园网站上设立"生态文明"版块，为大学生提供大量观点正确、内容丰富的生态文明教育资源，促进大学生生态文明道德意识的提升。

（四）创新生态文明教学方法，增强生态文明教育实效

新媒体环境下高校生态文明教育运用传统教学方法效果不佳，势必需要创新教学方法才能增强教学效果。首先要创新课堂教学方法。生态文明教育课堂要大力使用新媒体平台和工具，利用新媒体播放涉及生态文明的影视资料，展示生态文明的知识理论，使生态文明教育的课堂生动、直观、有趣，增强课堂教学效果。其次要重视课外教学方法创新。要广泛建立生态文明网站或增设生态文明版块，充分发挥新媒体图文并茂、声像交融等特点来吸引大学生对生态文明的关注；要鼓励生态文明教育的教师及辅导员开通个人博客（或微博），加入 QQ 群、微信群，参与 BBS 论坛，与学生就生态文明问题交流互动；要尝试通过开发网络绿色游戏，利用网络游戏的趣味性来增强生态文明教育的影响力；要大力开展课外生态文明实践活动，实现课外实践活动与课堂教学有机结合，提升学生生态文明素养和践行能力。

生态文明发展的历史，是一部努力以科学为指导展开改革实践探索的历史。如果用"人"来表示人类社会，"天"来表示自然环境即我们生活的生态系统，那生态文明在人类历史上的发展演化可以分为四个阶段：一是原始文明阶段，此阶段的特征是"人不敌天"。在此阶段，由于人类认识与改造自然的知识、能力有限，而自然环境变幻莫测，因此人类生活得小心翼翼。二是农业文明阶段，此阶段的特征是"天人合一"，随着人类对大自然的了解与认识的加深，劳动工具的使用，"劳动 + 土地"的生活模式使人与自然构成了比较和谐的关系，对自然的开发与利用在合理范围内。第三阶段是工业文明阶段，此阶段特征是"人定胜天"，由于科技的发展使人们对自然的驾驭水平得到极大的提高，最典型的代表就是人类中心主义思想，认为人类就是一切，是自然的主宰，人类可以通过所拥有的知识、科技与技术可以随心所欲从自然攫取满足自身的所有需求。第四阶段是生态文明阶段，这个阶段的特征是"天人和谐"。人们通过在破坏自然、受到自然惩罚的不断循环中，逐渐意识到人类不过是自然的一部分，任何行为都应当遵循自然规律，实现人与自然的和谐发展。科学性原则要求我们对于生态文明的建设必须遵循自然环境的客观规律，对生态文明工作的决策必须由经验决策向科学决策转变，高校开展的生态文明教育也必须尊重自然规律。

三、高校生态文明教育机制创新的重要意义

（一）保障高校生态文明教育实效性的内在要求

新媒体为生态文明教育提供了新的载体。通过对新媒体的运用，生态文明教育可以实现如下转变：一是新媒体使生态文明教育内容由平面化向立体化转变，由静态转变为动态，由现实时空扩展至超时空；二是新媒体所蕴含的超大信息量，拓展了生态文明教育内容，增加了对生态文明教育内容的可选择性；三是通过新媒体获取信息、教学内容的及时性，可以实时更新教学内容。新媒体极大地提高了生态文明教育的覆盖面，使大学生实时获取

广泛信息的同时，也能接受生态文明教育。运用新媒体进行生态文明教育是对其他教育方式的一种有益补充，可以形成多角度、全方位的生态文明教育态势，增强生态文明教育的实效性。

新媒体有利于增强生态文明教育的效果。检验生态文明教育是否有效以及效果的大小，主要依据就是生态教育目的与意图的实现程度，关键就是通过生态文明教育，受教育者是否将生态文明理念与价值体系内化于心，进而培养出受教育者生态文明生活方式与习惯，即从观念内化而达到行动外化的过程，也就是从认知到态度再到行为的一个效果积累、加强与外化的过程，因此，要想取得生态文明教育的最佳效果，内化是关键。新媒体为促进大学生生态教育内化提供了新的平台，为大学生提供了丰富的共享信息资源，而其信息传递的实时性与交往的隐匿性，教师们可以将具有强制性目的的教育内容巧妙地隐藏在新媒体教育内容中，这样可以淡化受教育者的角色意识，充分照顾学生的内心需求，更好地实现生态文明教育的目标与效果。

（二）增强高校生态文明教育时代性的现实需要

党的十九大报告将生态文明提升为"中华民族永续发展的千年大计"，要求牢固树立社会主义生态文明观，要求采取各种行动切实推进生态文明建设。生态文明建设已成为我国政治、经济、社会生活的主旋律之一，是我国全面实现小康社会的重要工作，是根据时代的召唤和需求而不得不履行的责任。而作为培养社会主义现代化建设接班人和主力军的高校，承担着为国家培养高素质人才的重任，必须积极响应国家的号召、社会的变化与要求，将生态文明建设与人才培养相结合。生态文明教育要根据时代的发展并结合自身特点增强其实效性与针对性，当前生态文明教育要求高校实现生态转型。高校的生态转型是我国实现可持续发展的理性选择。高校的生态转型是指高校能够树立尊重自然、顺应自然、保护自然这一生态文明的基本理念，并能够将这种理念与目标渗透于贯穿到高校制度与行为等诸方面之中去，通过高校生态文明教育积极探索人与自然和谐共生的基本诉求及实现路径。

（三）确保高校生态文明教育可持续性的必然选择

生态文明教育的最终目标就是遵循自然生态系统的规律和原理，实现人与自然的和谐共处，进而实现可持续发展。生态文明教育包括环境教育，是能够显著改变个人行为的一种方式，其本质是创造一种可持续性的文化。通过生态文明教育，人们能够继承传统的生态思想，借鉴他人的生态文化。作为一种特定的教育，生态文明教育舍去了各种与生态文明理念不相容或者是相悖的理念，从而使得生态文化得以强调、彰显与传承。教育不仅仅传递固有的文化，而是要随着时代与社会的发展和变迁力求创新与发展。事实上，生态文化也是通过生态文明的教育，在传承传统的生态文化并扬弃旧有的工业文化基础上创立的。而将新媒体运用于生态文明教育能有效地将前人积累的生态文明研究资料通过方便、快捷的方式传承下来，实现生态文明教育的可持续发展。

四、高校生态文明教育机制创新的基本原则

习近平总书记多次强调"保护环境就是保护生产力""绿水青山就是金山银山""尊重自然、顺应自然、保护自然"等一系列生态文明观念。大学生是未来社会建设的主力军，他们对生态文明的观念意识、行为习惯直接影响国家生态文明的建设。而新媒体环境给我们提供了丰富的教育资源，高校利用新媒体开展生态文明教育是保障高校生态文明教育实效性的内在要求，增强高校生态文明教育时代性的现实需要，确保高校生态文明教育可持续性的必然选择。但是受当前教育机制的影响，当前我国高校利用新媒体进行生态文明教育的工作进展缓慢甚至停滞不前，利用新媒体进行高校生态文明教育是保障高校生态文明教育质量和效果的必备工具与手段，因此应创新我国高校生态文明教育机制以满足生态文明教育的目标与要求。

（一）科学性

科学性原则是指遵循生态文明发展的要求，运用科学的思维、理念与方法来处理高校生态文明教育创新问题。科学性原则与生态文明的内在要求息息相关，追求科学，是实现生态文明的必然要求。

为使新媒体背景下的高校生态文明教育有序开展，高校生态文明教育应遵循科学性、整体性和人本性三个基本原则。

（二）整体性

生态问题不是一个地区、一个国家的问题，而是世界性的问题。这一前提下，学者们所说的"世界主义理念"凸显了其包容性与生态智慧，是对全球性的生态问题的整体性的正确认识。所以生态文明教育的对象也应该是一切个人、经济组织、社会组织、政府组织在内的有关的人类行动。由于生态文明建设涉及的问题所体现出的全球性、全国性与区域性，生态文明建设已经超越了传统的认为各类对环境有影响的企业的范围，而更应打破组织与部门的界限，成为所有国家的共同担当的职责，更强调各个部门与组织在生态文明建设中的配合。作为高校中的生态文明教育，自然要取得全校的认可，需要高校所有组织、部门、工作人员与师生的广泛参与。

（三）人本性

基于新媒体的生态文明教育要坚持大学生的主体地位。生态文明教育过程中的学生是具有独立人格完整的人，应尊重每位学生的人格与需求，所以在生态文明教育中必须重视参与者的学习体验，应保障生态文明教育师生之间的互动和学生主体性的发挥。在生态文明教育中，教育者与受教育者应在教育行为与活动中积极互动，在知识与信息的传递、交流和反馈中充分考虑参与者的体验，体现生态文明教育以人为本的原则。将新媒体运用于生态文明教育中，有益于实现学生的个性化教育。通过教学内容、教学标准与教学效果评

价，给予学生根据自身需求与兴趣选择相应学习内容、手段与方法的自由。通过新媒体可以根据学生需求制定个性化的学习计划，为不同学习风格与学习习惯的学生提供不同形式的学习方法与内容，允许学生根据自身的特点来选择适合自己的学习方法；同时还可以根据学生学习行为数据创设个性化的学习体验，根据学生学习的实际情况进行及时反馈与改进，以提高学习效率，促进学生自发的深度学习。

五、新媒体下高校生态文明教育机制创新的路径

新媒体对高校生态文明教育产生了巨大的影响，高校必须根据新媒体带来的变化以及新媒体的传播规律与特点创新生态文明教育，创新生态文明教育机制是迎接新媒体时代的挑战、提高高校生态文明教育质量的根本途径。因此，新媒体背景下的高校生态文明教育应实现对管理机制、参与机制、激励机制与评价机制的创新，实现我国高校生态文明教育质量的全面提升，为实现我国生态文明社会建设的目标贡献一己之力。

（一）创新高校生态文明教育的管理机制

我国高校生态文明教育起步较晚，经过多年的发展取得了一定的进展与成效，大学生的生态文明素养也在逐年提高，但是与实现生态文明社会建设目标的要求来看，还存在着不小的差距。从总体来看，生态文明教育工作的实效性不强，其中管理机制不健全和管理理念落后是造成这一现状的主要原因。为此，保障高校生态文明教育质量与效果的一个基本要求便是创新高校生态文明教育管理机制。

首先，要构建高校生态文明教育的组织结构。通过认真贯彻落实生态文明教育的决策，做好生态文明教育工作安排部署，才能保证生态文明教育的效果与质量。各高校应根据本校的实际情况，设立专门的生态文明教育和管理办公室以整体安排、部署、指导和负责学校的生态文明教育工作。建立健全生态文明教育领导责任制，将各个部门、学院、系的生态文明教育工作落实到责任人，定期组织各级机构学习中央有关生态文明的最新精神，落实党中央对高效生态文明建设提出的要求，形成符合生态文明建设发展要求且与现有学校教育体系协调统一的生态文明教育体制。

其次，要完善专业人才引进及管理机制。我国高校生态文明教育工作的实施和发展与强大的师资队伍密不可分，我国高校生态文明教育的起点较低，与世界先进国家相比还有很大差距。因此，可以邀请从事生态文明研究的高层次、稀缺的人才来指导我国各高校的生态文明教育工作，构建高水平的生态文明教师团队。打造符合生态文明教育要求的高水平的师资队伍可以从以下几个个方面入手：首先，加强对师资队伍的培训。高校可以定期组织教师开展生态文明素质培训、邀请专家来给教师进行生态文明专题知识讲座，注重对教师生态文明专业知识、生态文明观念与意识、生态文明文化等的培养与训练。其次，还要注重对教师进行网络知识、计算机技术的专业培训，增强教师运用新媒体的实践操作能力。最后，要出台相应的政策与管理规章制度，要求教师将新媒体与生态文明教育有机结

合，鼓励教师对基于新媒体的生态文明教育目标、教育内容、教育方法、生态文明实践教学内容、实践教学方法以及考评标准等进行深入研究。

（二）创新高校生态文明教育的激励机制

目前，我国高校生态文明教育的现状不尽如人意，这与学生的参与意识较低、教师的责任感较弱、自觉积极参与生态文明教育的内在动力尚未激发密切相关。因此，创新高校生态文明教育的激励机制对于推进生态文明教育具有重要的现实意义。

要建立科学公正的生态文明教育考核表彰机制，首先要开展教师考核奖励工作。教职工考核奖励工作是有效开展生态文明教育工作的一个重要环节，绩效考核奖励机制的实施、外出进修学习机会的提供、政策上的倾斜，有利于教师的主观能动性、积极性得到充分发挥，也有利于激发教师提高生态文明教育教学水平的自觉性以及投身生态文明教育教学改革的积极性。对于生态文明教育工作开展得好、取得显著效果的学院与部门，可以通过奖励、表彰、评优评先的方式对其进行激励，同时可以邀请生态文明教育活动开展得好的部门以召开生态文明教育经验交流座谈会等方式激励其他学院与部门向其学习。其次，要开展学生考核奖励工作。学校要出台文件对大学生参与生态文明教育课堂及活动的考核、评比表彰有明确规定的制度文件。将大学生参与生态文明教育活动的表现纳入大学生个体素质评价和学业成绩评价，并建立相应的奖惩机制。最后，政府应颁布相应的规章制度、采取相应的管理办法以激励高校积极贯彻落实我国生态文明社会建设的目标，激励高校以及个人积极进行生态文明的教育与学习。政府作为我国高校的主要举办者与管理者在高校的教育活动中扮演着重要角色。新媒体背景下的高校生态文明教育激励机制的创新有赖于政府的宏观管理与引导。从政府层面而言，奖惩机制是政府参与新媒体视域下高校生态文明教育的重要手段。政府通过对高校生态文明教育中的教育主体与客体的行为表现和效果，对其依据事先制定的政策制度进行赏罚以达到激励教育主客体积极参与到生态文明教育活动中来的目的。政府可以对在高校生态文明教育工作中做出突出贡献的单位与个人给予表彰，对做出重大贡献或者表现特别突出者给予资金支持，而对于表现较差甚至是出现重大问题的单位与个人给予通报批评、惩戒，由此起到奖优罚劣的作用。

（三）创新高校生态文明教育的参与机制

充分运用新媒体的优势，扩充生态文明教育参与的范围与渠道。新媒体由于高度的社会化，使人与人之间能实现跨时空的无缝链接，能有效保障大家参与到生态文明教育工作中来。通过对新媒体的运用，可以设置当前热门或者大家感兴趣的生态文明话题，实现议程的设置。这种设置可以使这些话题通过实时提醒、滚动播放的方式不断出现在广大师生的视野中，通过这种不断循环的方式让生态文明的相关知识和理念等深入师生内心深处，获得持久的影响力。

加强高校校园网络建设，搭建生态文明教育平台。可以将生态文明教育网站挂在学校学工部或者团委的网站上，也可以为此设立专题，根据生态文明的实时发展设立专题网站。

目前大部分高校网站建设存在的问题是内容单一、更新缓慢、形式低调，难以吸引大学生注意力。因此，应当注意坚持在生态文明核心价值体系的指导下，将教育内容多样化、丰富化、立体化、形象化，确保教育内容贴近大学生生活以引起学生的共鸣，及时更新网站内容，增强网站对学生的吸引力和凝聚力，发挥生态文明教育网站对学生的教育作用。可以设立专题讨论论坛，让学生针对当前的热门问题如自然资源、环境保护、生态文明等畅所欲言，自由发表言论，在此过程中，教师也应积极参与，适当引导。构建生态文明电子校园。电子校园是生态服务型校园的内在要求，电子校园是指高校内部在电子化和自动化技术的基础上，利用现代信息技术和网络技术，建立起网络化的高校信息系统，并利用这个系统为全校师生提供方便、高效的服务和各类信息。

（四）创新高校生态文明教育的评价机制

评价机制是检验高校生态文明教育实施效果的有效工具，通过评估信息的反馈，根据生态文明教育的目标要求，改进和完善生态文明教育工作。我们要结合生态文明教育变化的情况，改革现有的生态文明教育评价体系，将生态文明教育纳入评价体系中，注重生态文明教育评价主体的全面性以及评价方法的多样化，以适应新媒体环境的要求，科学、有效地发挥评价机制的作用。

首先，要实现评价机制的内部机制与外部机制的结合。内部评价机制主要是指由高校内部组织的评价机制，主要负责监督、检查和评价高校各部门、教学团队和教师的生态文明教育实施情况。内部评价机制主要包括评价实施机制、评价指标体系、评价反馈机制等。外部评价机制主要由高等教育部门、社会组织等构建而成，构建大学生生态文明教育评价体系必须整合评价的内外部机制。一方面，要依靠外部评估机制的强制力和权威性，通过监督、评估和检查，促进大学生生态文明教育评价体系和机制的创新；另一方面，利用内部评价机制的灵活性和多样性，根据不同层次、不同部门的特点，探索符合其生态文明教育评价的体系，构建灵活多样的标准和操作程序。

其次，要实现评价过程的动态与静态相结合。大学生生态文明教育的长期性和效果滞后性决定了生态文明教育评价具有动态性。大学生生态文明教育是一个不断发展和完善的过程，其社会效应是一个逐步显现的过程，这就决定了生态文明教育的评价是动态的、发展的。而就目前而言，我国高校生态文明教育的评价往往注重的更多的是静态评价，仅对近期的、当下的开展情况进行评价，而对于需要长期的追踪、观察、反馈才能获取的教育信息则缺乏相应的措施。因此，在高校生态文明教育评价过程中，必须将静态评价与动态评价相结合，在静态评价的基础上分析生态文明教育的现状和发展水平，同时通过跟踪高校生态文明教育的动态响应，对生态文明教育的全过程进行跟踪分析，提高评价的针对性和有效性。

第六节　新媒体理念下高校意识形态教育

近年来，新媒体的广泛应用给信息传播带来革命性变革，构建了意识形态工作的全新场域，给高校意识形态教育带来深刻影响。利用新媒体创新高校意识形态教育是时代发展的必然要求，高校可以通过完善领导体制、强化监管机制、创新话语体系、促进媒介融合、提升媒介素养等措施构建高校意识形态教育有效路径。

习近平总书记在全国宣传思想工作会议上的讲话强调，"经济建设是党的中心工作，意识形态工作是党的一项极端重要的工作"，对意识形态工作进行了明确定位，指明了其重要性。党的十九大报告强调，要"牢牢掌握意识形态工作领导权。意识形态决定文化前进方向和发展道路。必须推进马克思主义中国化时代化大众化，建设具有强大凝聚力和引领力的社会主义意识形态，使全体人民在理想信念、价值理念、道德观念上紧紧团结在一起"。高校是党的意识形态工作的重要领域，是学习研究宣传马克思主义的重要阵地，是培育和弘扬社会主义核心价值观的重要渠道。坚持和巩固马克思主义在高校意识形态领域的指导地位，是高校贯彻落实习近平新时代中国特色社会主义思想的本质要求。当前，伴随着互联网和数字技术的迅猛发展，尤其是新媒体的广泛应用，给信息传播带来了巨大变革，构建了意识形态工作的全新场域，高校如何充分运用和挖掘新媒体技术手段，拓展高校马克思主义意识形态教育工作渠道，是当前面临的一个重要课题。

一、主动占领新媒体阵地是高校意识形态教育的时代特质

传播力决定影响力，话语权决定主动权，无论何种理论或思想只有广泛传播才能产生更大影响。党的十九大报告明确指出，要坚持正确舆论导向，高度重视传播手段建设和创新，提高新闻舆论传播力、引导力、影响力、公信力。习近平指出："现在，媒体格局、舆论生态、受众对象、传播技术都在发生深刻变化，特别是互联网正在媒体领域催发一场前所未有的变革。""很多人特别是年轻人基本不看主流媒体，大部分信息都从网上获取。必须正视这个事实，加大力量投入，尽快掌握这个舆论战场上的主动权，不能被边缘化了。"新媒体的日益普及，不仅改变着人们的学习、生活、工作和交往方式，而且改变着人们的思维价值观念，占领新媒体阵地已成为高校意识形态工作发展的时代特质和必然要求。

（一）新媒体是深化新时代高校意识形态教育的重要场域

当前，伴随着网络技术、数字技术和移动通信技术的迅猛发展，以网络媒体、数字电视媒体和移动通信媒体为代表的新媒体已经渗透到人们生活的方方面面，给社会带来巨大变化和深刻影响，可以说，我们已经进入了一个众语喧哗的新媒体时代。新媒体的快速发展，使其在人们日常生活中占据的地位越来越重要，从工作方式到生活习惯，从思维方

式到行为准则，从学习交友到购物娱乐等，各个领域无不打上它的烙印，几乎无所不在。"截至 2018 年 6 月，我国手机网民规模已达 7.88 亿，上半年新增手机网民 3 509 万人，较 2017 年末增加 4.7%。网民中使用手机上网人群的占比由 2017 年的 97.5% 提升至 98.3%，网民手机上网比例继续攀升。"大学生是新媒体用户的主力军，玩微博、刷微信已经是大学生日常生活的一部分，新媒体已经成为大学生获取信息的主要渠道，同时也成为意识形态教育的新兴媒介，它对大学生成长成才以及世界观、人生观、价值观的影响已经越来越突出，利用新媒体创新意识形态教育方法已是高校意识形态工作的一种内在要求。传统的高校意识形态教育主要在现实空间开展，由各级党组织有计划、有组织地进行，具有较强的权威性和单一性，而新媒体则构建出了一个与现实世界传统媒体相对的虚拟空间，开辟了高校意识形态教育的全新场域。随着新媒体的普遍应用，高校的意识形态工作领域已经逐渐超出现实环境中的课堂、校园而向虚拟空间拓展，从而使意识形态信息传播的时间和空间领域得到很大程度的延伸。

（二）新媒体是创新新时代高校意识形态教育的重要载体

一直以来，高校坚持管理育人、文化育人、活动育人，通过课堂讲授、专家报告、材料学习、实践活动等方式，利用报纸、广播、电视等渠道开展意识形态教育，但这些方式和手段受场地和时间等因素限制，传播渠道窄、覆盖面小，且灌输式的教育方式吸引力不强，有时甚至引起大学生的抵触情绪，教育效果没有充分彰显。新媒体的出现，不仅丰富了意识形态教育的载体，为大学生意识形态教育提供了广阔的平台，而且其数字技术的广泛应用，为意识形态教育方式、手段以及内容的创新提供了强大的技术支持。新媒体信息传播的快捷性、交互性和多样性，使意识形态教育内容从平面走向立体，从静态变为动态，信息可以一对一传播，也可以一对多、多对多传播，大大增加了意识形态教育的实效性。同时，新媒体的交互机制，可以为学生提供方便、快捷的信息反馈渠道，提高了学生参与价值观教育及意识形态教育的积极性和主动性，相关意识形态教育工作者还可以根据反馈信息调整工作内容、改进工作方式。新媒体环境下，高校意识形态教育者与被教育者之间的信息非对称日益消除，开放性、互动性、参与性的意识形态教育新模式正逐渐形成。因此，利用新媒体进行高校意识形态教育改革创新，是基于新的历史条件下，顺应新时代发展潮流，优化意识形态教育效果，促进大学生成长成才的必然要求。

（三）新媒体是拓展新时代高校意识形态教育功能的重要平台

高校意识形态教育的主要对象是学生，教育的主要目的在于培育学生形成社会主义核心价值观，坚定中国特色社会主义的道路自信、理论自信、制度自信和文化自信。学生在高校接受意识形态教育，形成对社会主义意识形态的情感认同后，在校期间可以通过以自媒体为核心的现代网络新媒体影响社会群体，进而将国家主流意识形态向社会辐射；当学生毕业走向社会，真正成为社会组织的一员后，能够直接通过以新媒体为载体的生活圈和工作圈，对社会生活领域、政治思想领域出现的热点、焦点问题进行正面阐释和科学解读，从而在一定范围内引导社会舆论，持续拓展和深化高校意识形态教育的功能和效用。同时，高校意识形态教育可以依托新媒体有效促进知识教育，并与知识教育同向同行、合力育人。意识形态教育想要取得良好的效果，不能依靠简单空洞的灌输，而要以文化知识为载体将知识教育蕴含于意识形态教育。新媒体具有图文并茂、声色融合、信息量大等特点，它使学生接受教育的方式增多，获取知识的速度加快，进而使高校文化传播、舆论传播以及意识形态教育的实效性大大提高，意识形态教育的功能得到进一步拓展，为深化大学生对马克思主义意识形态的情感认同开创了更加广阔和重要的平台。

二、清醒认识新媒体给高校意识形态教育带来的新挑战

新媒体改变了人们的生活，它的发展代表着科技的发展和社会的进步，也给高校意识形态教育带来了极大便利和广阔的发展前景，但因其虚拟性、开放性、隐匿性等特点，也给高校意识形态教育带来新挑战。

（一）新媒体给高校意识形态安全带来冲击

意识形态安全是国家政治和文化安全的重要内容，是国家安全体系的重要组成部分。高校意识形态安全建设，则是维护高校安全稳定、建设平安和谐校园的重要前提，对于保障国家意识形态安全具有重要意义。一直以来，以美国为首的西方敌对势力采取各种方式对我国及其他相关国家进行和平演变和意识形态领域渗透。2009 年在摩尔多瓦，发生推翻摩尔多瓦共产党人的暴力运动。摩尔多瓦官方声称，其幕后推手是金融大鳄乔治·索罗斯，他们利用自媒体，在美英"看不顺眼"的国家制造动乱，称美国情报机构也参与了本次骚乱活动。同年 6 月 18 日，"美国国防部部长罗伯特·盖茨在一场新闻发布会上直言，Twitter 等社交媒体网络是美国极为重要的战略资产，因为这些新科技让独裁政府难以控制信息"。21 世纪初期，在乌克兰、吉尔吉斯斯坦等国家，相继发生了以非暴力方式进行的政权更迭事件，即"颜色革命"。"不可忽视'颜色革命'发生的一个基本背景，就是冷战后加速到来的经济全球化。经济全球化改变了信息的传播方式，信息传播的即时性使得一国爆发的'颜色革命'具有的'示范效应'被强化，从而容易出现集体联动性。同时，经济全球化使国家间竞争加剧，深化了一国之内原有的矛盾，互联网与新媒体进一步将这种矛盾夸大并进行密集传播，对变革的呼唤往往在极短时间里即可形成较大声势。"新媒体时代，中国和西方在意识形态领域的冲突和斗争愈演愈烈，以美国为首的西方国家加紧对我国进行思想文化渗透，而高校则是西方文化霸权和意识形态输出的重点区域。"网络媒介自由、开放的背后是对技术的有效依赖，技术权力构成了网络媒介权力的重要内容，也成为限制网络媒介价值实现的主要权力方式。"当前，西方国家掌握着全球互联网的绝大部分根服务器，其必然享有对网络媒介话语权的控制力。西方国家利用其互联网和新媒体技术优势，长期向我国尤其是高校传播影响社会稳定的言论，渗透影响大学生成长的西方思想价值观念，攻击和挑战我国主流意识形态。正如亨廷顿指出："对一个传统社会的稳

定来说，构成主要威胁的，并非来自外国军队的侵略，而是来自外国观念的侵入，印刷品和言论比军队和坦克推进得更快、更深入。"大学生正处于世界观、人生观、价值观成熟的重要时期，西方价值观通过新媒体不断渗透并放大其影响力，加之我国社会矛盾和一些发展不平衡问题在网络上的发酵，很容易使大学生的价值取向出现偏差，政治信仰出现混淆，甚至动摇对我国社会主义道路和社会主义核心价值观的认同，最终威胁高校甚至国家意识形态安全。

（二）新媒体给高校意识形态管控带来难度

高校开展大学生思想政治教育和意识形态教育的传统手段主要是依托于思想政治理论课、专家学者报告、研讨会、班会、党支部会议以及电视、广播、报纸等方式和媒体进行，其内容经过层层把关和筛选，具有强化一元指导思想的教育功能，这种教育方式能够有效彰显马克思主义意识形态的权威性，从很大程度上杜绝负面信息和非主流意识形态的传播和扩散，从组织、内容和形式上相对容易掌控，从而形成了以往这种集中统一的意识形态管控方式。新媒体时代，信息传播范围广、速度快、跨时空、跨地域，且具有开放性、自由性、隐匿性等特点，任何人都可以在网络新媒体上自由发表言论，与他人分享交流学习工作经验及内心真实想法，可以说人人都是自媒体，人人都是信息传播者，这些特点使得对新媒体舆论的把关和控制难度极大，传统集中垄断的信息管控方式已难以为继。由于信息发布无屏障，时间、地点、方式灵活多变，发布内容丰富且良莠不齐，新媒体成了不同意识形态、不同思想价值观念争夺的重要领地。而高校学生群体是网络社会的"土著"，与互联网有着极强的粘连性，既有较强的公民责任感，又具备组织行动的天然优势，遇到某些涉及领土主权、国家利益等敏感问题，一经煽动，极易激发他们的社会责任感和民族情怀，进而引发大规模的网络舆情，且极难控制。因此，如若高校学生长期受到网络新媒体上一些偏激的、落后腐朽的，甚至反马克思主义的思想价值观念和意识形态的干扰，很容易导致价值取向多元化和理想信念迷失。这种新媒体环境下不同意识形态的冲突和交锋，不仅给高校意识形态管控增加难度，更对高校意识形态教育工作的适应性提出了更高要求。

（三）新媒体消解了高校马克思主义意识形态话语权

"所谓意识形态工作话语权，就是说话权或控制舆论的权力。高校意识形态话语权，就是高校控制舆论的权力和坚持社会主义发展方向的能力，具体地说，就是社会主义的发展方向、价值判断、理论观点，有资格和能力主导、指导高校的发展。"我国是社会主义国家，决定了我国高校必须坚持马克思主义在意识形态领域的指导地位。当前，我国正处于社会转型期，全面深化改革进入"深水区"，政治、经济和文化等领域的深层次矛盾逐渐浮出水面，这种社会环境的深刻变革给人们特别是高校学生的思想观念和价值取向带来很大影响。新媒体提供了大众舆论表达的新渠道，实现了信息传播的草根化、生活化，一些社会问题、高校教育问题等很容易通过新媒体快速地扩散并在社会上引起广泛影响，一定程度上激起了高校大学生对社会主义核心价值观的逆反心理，进而对马克思主义意识形态产生认同危机。同时，一系列社会问题的产生和凸显，为"非马"意识形态的产生提供了土壤，由于新媒体的信息传播准入门槛大大降低，导致高校意识形态教育主体结构发生了颠覆性变化，改变了高校意识形态教育的"中心化"，自上而下的传播方式不再是唯一，网络世界中任何个体都成为节点，不同阶层价值观念、各种社会思潮、西方资本主义价值观等非主流意识形态就会借助新媒体乘虚而入，从而消解高校马克思主义意识形态话语权。

三、新媒体条件下高校意识形态教育应遵循的基本原则

原则能够规范高校意识形态教育的方向，确保相关教育目标的顺利实现。高校意识形态教育是一项复杂的系统工程，面对新媒体带来的变化，在具体的教育实践工作中，有必要遵循和坚持一定的原则，以提高高校意识形态教育实效。

（一）坚持主导性原则

马克思主义是我们立党立国的根本指导思想，是社会主义意识形态的旗帜以及认识世界和改造世界的强大思想武器。坚持和巩固马克思主义在我国意识形态领域的指导地位，直接关系到社会主义现代化建设的全局。毛泽东在新中国成立后就提出了以"马克思列宁主义为指导的社会主义意识形态"。2013年8月19日，习近平总书记在全国宣传思想工作会议的讲话中指出："宣传思想工作就是要巩固马克思主义在意识形态领域的指导地位，巩固全党全国人民团结奋斗的共同思想基础。"因此，新媒体环境下，高校意识形态教育必须坚持以马克思主义为主导，弘扬社会主义主流文化，坚持正面引导，大力倡导社会主义原则。要让主流意识形态在高校意识形态教育中占主导地位，针对新媒体的特点，主动而为，积极应对，控制好主流意识形态相关信息的数量和质量，确保主流意识形态重点传播、优先传播，使其占领高校新媒体传播的阵地，同时，主导性还要表现在主流意识形态在新媒体传播中对于其他非主流意识形态的影响和引导作用。

（二）坚持创新性原则

任何时代，创新都是一个民族进步的灵魂和生命力所在，是一个国家发展的不竭动力，是一个政党永葆生机和活力的源泉。高校意识形态教育也同样离不开创新，创新是高校积极应对新媒体环境下意识形态领域激烈斗争应坚持的重要原则。新媒体传播具有信息量大、传播速度快、交互性强等特点，西方自由主义、无政府主义等思潮通过新媒体不断冲击着我国社会主义意识形态。此外，随着新媒体的发展，高校学生的心理也发生着巨大变化，意识形态教育的内容与方法若一直因循守旧，会弱化意识形态教育效果，无法满足大学生的心理需求。这就要求高校意识形态教育不能死抱书本，空洞说教，而是要紧跟时代步伐，不断更新意识形态教育理念，创新意识形态教育方法，充分利用网络信息，紧贴社会现实，结合当前热点，丰富大学生主流意识形态教育内容，围绕大学生当前最关心的问题进行讨论和学习，以达到更好的教育效果。

（三）坚持平等对话原则

现代新媒体的发展，使人们可以平等地获取信息，网络上的每个网民都有权利发表自己的意见和建议。新媒体突破了传统媒体的线性传播，实现了多层次的意见交流，使得高校处于一个信息平等开放的环境之中。高校党委宣传部、学生工作部等部门的传统强势传播地位被削弱，意识形态教育者和受教育者在信息获取上趋向于平等，甚至出现受教育者比教育者掌握更多信息的现象。因此，现实情况迫切要求教育者要转变观念、改进方法，树立自由开放意识，以平等的心态、对话的方式开展意识形态教育工作。对话的本质是思想感情和信息的交流，教育者和受教育者在对话中进行沟通，能够扩展思维视野，促进观念融合，从而实现思想认识的统一。与高校学生平等交流对话并不等于高校意识形态工作者主导权的丧失，而是要利用新媒体的特点，将主流意识形态融入日常校园学习生活中，贴近实际、贴近学生，不着痕迹地进行教育和引导。

（四）坚持疏堵结合原则

高校意识形态教育，归根结底是要解决思想认识问题。毛泽东同志曾指出："凡属于思想性质的问题，凡属于人民内部的争论问题，只能用民主的方法去解决，只能用讨论的方法、批评的方法、说服教育的方法去解决，而不能用强制的、压服的方法去解决。"因此，新媒体环境下，高校意识形态教育还是要坚持以疏导为主，声不一定高，形不一定硬，要善于运用鲜活生动的"网言网语"把主流意识形态表达出来，潜移默化地开展舆论引导，在"春风化雨，润物无声"中与大学生同频共振，增强意识形态教育的吸引力和感染力。与此同时，大学生还处于人生观、世界观逐渐确立的时期，思想还不够成熟，很容易受到新媒体上有害信息的影响和不良舆论的蛊惑，有必要通过相应的技术手段对有害信息和一些网络舆论进行封堵，以确保高校的安全稳定。因此，只有坚持疏堵结合的原则，高校意识形态教育才能收到好的效果。

四、新媒体时代高校意识形态教育创新的路径选择

高校如何把握好新媒体时代的发展机遇，直面当下高校意识形态教育工作中的问题与挑战，已成为新时代赋予高校意识形态工作的新使命。高校意识形态教育要顺应时代新要求，更新思想观念、改变工作方式、创新工作路径，进而提高时效性，促进高校及社会和谐稳定发展。

（一）完善领导体制，加强高校意识形态教育领导权

毛泽东同志曾指出，"掌握思想领导是掌握一切领导的第一位"。习近平总书记多次强调，能否做好意识形态工作，事关党的前途命运，事关国家长治久安，事关民族凝聚力和向心力。高校党委要高度重视意识形态工作，强化政治领导责任，"党委书记、校长要旗帜鲜明地站在意识形态工作第一线，充分发挥高校党委的领导核心作用"。要把如何做好

意识形态工作纳入重要议事日程，经常研究，及时加强指导，特别是加强新媒体环境中意识形态教育工作重点问题的分析研判以及工作任务的统筹指导，不断提高高校党委在新媒体环境下对意识形态工作的领导能力，巩固高校党委在高校意识形态教育工作中的核心地位和领导权。要建立意识形态教育工作责任制，强化党政协同和部门联动，党委宣传部作为主管高校意识形态工作的职能部门，要充分发挥牵头协调和组织联络的作用，形成宣传部、学生处、团委、网络中心以及马克思主义学院等相关职能部门和院系共同参与的意识形态教育工作机制，不断提高新媒体环境下意识形态工作的管理能力和水平。

（二）强化监管机制，塑造高校意识形态教育话语空间

当前，高校新媒体管理制度的缺失是制约高校意识形态工作实效性的重要因素。要增加新媒体环境下高校意识形态工作的控制力和实效性，进一步增强高校学生对中国特色社会主义理论的情感认同，必须建立一套完善且可操作性强的监管机制。建立健全高校网络监管制度是构建高校安全和谐网络环境、规范大学生网络行为的重要举措。习近平总书记指出，"网络空间天朗气清、生态良好，符合人民利益；网络空间乌烟瘴气、生态恶化，不符合人民利益。谁都不愿生活在一个充斥着虚假、诈骗、攻击、谩骂、恐怖、色情、暴力的空间"。要通过监管机制和话语监控，有效控制或减少网络虚假信息、政治谣言、西方价值观等反马克思主义思潮的滋生和渗透，促进形成积极健康、向上向善的网络空间和网络文化，塑造和维护高校马克思主义意识形态话语空间。目前，我国有关新媒体的法律法规还有待完善，各高校应参照其他有关法律法规和教育部相关规定，制定自己的信息传播或新媒体管理制度，加强对校园新媒体信息的监管。要建立健全舆情监控机制，有效收集、分析、研判网络虚拟空间大学生的思想动态和关注热点，及时发现其中的虚假信息和错误思潮，利用马克思主义科学理论有效揭示其虚假和反动本质，有效化解学生误读，并通过网络议程设置，引导学生群体舆论导向，增强马克思主义意识形态话语权。要建立健全责任追究制度，在高校积极推进新媒体环境网络实名制，通过有效的信息屏蔽和责任追究倒查，防止西方价值观、错误思潮和网络谣言的传播和渗透，严惩违法违规行为，科学管控新媒体空间舆情信息的传播。此外，还要加强高校思想政治工作队伍，特别是新媒体宣传管理队伍建设，为高校意识形态教育提供人才保障和智力支持。

（三）创新话语体系，把握高校意识形态教育话语权

意识形态传播要通过话语，意识形态本身就是以话语形式来表达思想和描述现实的。新媒体时代，马克思主义意识形态要在高校进行迅速、有效传播，必须创新话语体系。"理论只要说服人，就能掌握群众；而理论只要彻底，就能说服人。所谓彻底，就是抓住事物的根本。"马克思的这句话深刻揭示了理论为广大人民群众理解和掌握的重要性。高校的意识形态教育理论，要想说服人，让大学生愿意听、听得懂、听了信，让大学生产生情感共鸣并从内心里认同，必须采用开放性、大众化、通俗化以及网络化的话语体系。不分场合、教条式的说教和理论灌输，不但不能说服大学生，还可能引起他们对教育主体的反感。

高校意识形态工作者要主动研究网络新媒体发展形势，积极关注大学生思想动态，及时回应大学生关注的敏感话题和社会焦点问题，不断增强意识形态教育的感染力。要不断创新话语表达内容，将主流意识形态的官方话语、文本话语内容转化为通俗话语、大众话语和民生话语，并加入大学生感兴趣的话语内容，体现意识形态教育的话语温情，增强吸引力，引起大学生的情感共鸣，从而使主流意识形态内化于心、外化于形。要增强话语内容的现代性，把中国特色社会主义理论体系，特别是社会主义核心价值观等教育内容植入网络新媒体，寓教于乐，使大学生在潜移默化和愉快的氛围中接受主流意识形态教育。要创新话语表达方式，着眼话语转型，提高高校意识形态教育的实效性，话语表达方式转型是关键。以往干巴巴的理论话语晦涩难懂，使大学生望而生畏，不能充分发挥意识形态教育主渠道的作用。"好的意识形态工作应该像空气一样自然，像细雨一样润物无声，像盐一样溶解于食物菜肴之中。"新媒体时代，高校意识形态工作者要深入研究政策话语、理论话语、大众话语、网络话语之间的关系，在意识形态宣传过程中，充分尊重大学生的主体性和差异性，使各种话语之间既紧密结合，又互相转化，寻找共性和最佳结合点，使政治性、理论性话语转化为时代性、大众性话语表达，减少单向强制性灌输，增加自由平等互动交流，使意识形态教育内容在大学生不自觉中入脑入心。

（四）促进媒介融合，优化高校意识形态教育话语平台

媒介是意识形态传播的载体，掌握了媒介就掌握了意识形态话语权。话语平台是意识形态话语权形成的主要场域。在新媒体时代，整合媒介资源，构建传统媒体与新媒体相互融合的立体式主流意识形态教育话语平台，对于提升马克思主义意识形态在高校的影响力和传播力具有重要意义。"推动传统媒体和新兴媒体融合发展，是党中央着眼巩固宣传思想文化阵地、壮大主流思想舆论做出的重大战略部署。习近平总书记强调，要加快传统媒体和新兴媒体融合发展，充分运用新技术新应用创新媒体传播方式，占领信息传播制高点。"因此，高校马克思主义意识形态教育，要注重传统媒介与新媒体的有机融合，优势互补。实现各种媒介资源、生产要素的有效整合和信息内容、技术应用、平台终端、人才队伍的共享融通。一是要守住传统宣传阵地，发挥传统媒介专业化、权威性的特点，创新方式方法进行意识形态教育。课堂一直都是意识形态教育的主渠道主阵地，要加强高校思想政治理论课的改革创新，阐释好中国特色社会主义重大理论和现实问题，并努力实现传统课堂与新媒体的有机融合，增加主流意识形态话语在课堂传播的实效性。二是要充分发挥新媒体快捷性、及时性、互动性等特点，利用微博、微信、手机网站、楼宇视频等新兴传播载体，建立和完善高校马克思主义意识形态宣传网络，优化马克思主义意识形态教育话语平台。通过图形、文字、动画、视频等多种生动形象的新媒体表现形式，使新时代中国特色社会主义思想等社会主流意识形态以大学生喜闻乐见的形式展现出来，提升马克思主义意识形态教育的话语魅力和影响力。

（五）提升媒介素养，确保高校意识形态教育目标实现

"媒介素养是指社会公众认知媒介、参与媒介、使用媒介的能力。"新媒体时代，高校师生媒介素养的高低，直接影响高校意识形态教育的实效。高校要积极开展媒介素养教育，提升师生认知媒介、参与媒介以及使用媒介的能力。一是要提升教师的媒介素养。高校教师是意识形态的主要传播者，是意识形态教育的主体，要不断提高教师的政治素质和道德素质，确保意识形态教育的社会主义方向。要增强教师使用新媒体的能力和水平，善于理论结合实践，使用各种新媒体技术创新教学方法，并将马克思主义中国化最新成果引入课堂。要利用新媒体技术成为学生"朋友圈"的一员，通过微信、QQ等了解学生学习、生活困惑和校园热点问题，从而进行有效引导。二是要提升大学生媒介素养。较低的媒介素养会削弱大学生对各类信息的认知能力和媒体使用能力，从而限制新媒体在高校意识形态教育过程中作用的发挥。只有加强高校青年学生的媒介素养教育，增加他们对新媒体的理性认知，提高主动学习、信息甄别和自主处理能力，提升他们对网络不良信息的免疫力，才能经得起网络虚拟空间各种社会思潮侵袭，抵御敌对势力和西方价值观的渗透，进而坚定理想信念，成为马克思主义和中国特色社会主义的真正拥护者，确保意识形态教育目标实现。

加强高校意识形态阵地建设，事关党对高校的领导，事关中国特色社会主义事业后继有人，具有十分重要而深远的意义。新媒体时代，高校只有主动出击，强化思想理论教育和价值引领，把理想信念教育放在首位，培育和践行社会主义核心价值观，把社会主义核心价值观体现到教书育人全过程，将意识形态教育与新媒体有机融合，不断创新意识形态教育模式和方式方法，才能使意识形态教育与时俱进，焕发新的、更大的活力，从而进一步巩固马克思主义在高校的指导地位。

第七节　新媒体理念下高校心理健康教育

新媒体的广泛运用和深入发展给高校心理健康教育带来了新机遇也提出了新挑战。全面阐释新媒体发展对心理健康教育产生的影响，系统分析心理健康教育存在的问题，提出新媒体环境下高校心理健康教育的有效路径：转变教育观念，培养学生主体意识；提高媒介素养，增强教育渗透性；加强队伍建设，强化教育实效性；加强新媒体平台建设，充分挖掘教育功能；优化育人环境，发挥教育引领作用。

新媒体是指借助网络数字技术，通过固定或移动终端实施信息传输、交流和互动的全部新型传播形式和手段的总称。相比于传统媒体，新媒体凭借技术性优势具备超时空性、超媒体性、交互性、虚拟性和开放性等特点。新媒体具有的开放性强、受众面广、传播速度快、个性化突出、交互性好等优势，很快成了善于接受新事物的大学生获取信息和交流

的重要渠道，大学生们经常利用新媒体技术平台获取知识、沟通情感、购物娱乐、表达诉求。鉴于新媒体已广泛影响大学生学习生活的事实，研究新媒体环境下大学生心理健康教育现状，探寻提高大学生心理健康教育实效性的路径与方法，帮助大学生提高心理素质、完善人格显得尤为重要。

一、新媒体的发展对高校心理健康教育产生的影响

新媒体所带来的传播格局和传播样态的变化，不仅对大学生的学习方法、生活习惯、思维方式、心理发展等产生了深远的影响，也对常规的高校心理健康教育工作队伍以及工作模式造成了冲击。

（一）新媒体对高校心理健康教育产生的积极影响

1. 新媒体延伸与拓展了学习的时间和空间，增强了学生的主体意识

新媒体平台上信息丰富，传播便捷且不受时空限制。学生只要掌握了搜索技术，不仅可以根据自己的兴趣爱好、能力水平、学习进度以及学习风格自主选择适合自己的学习内容，还可以根据自己的实际状况，自主选择学习时间与空间。教室不再是获取知识的唯一场地，教师也不再是获取知识的唯一来源，学生可以灵活安排学习时间，并可以选择在自己喜欢的环境中处理信息，学习知识与技能，这种自主选择学习内容与场域的方式，拓展了学习的时间和空间。图书馆、寝室、餐厅甚至运动场都可成为学生学习的场所。学生从依赖教师讲授的学习接受者，变成了主动探索、主动思考的知识意义构建者。主体意识的形成，让学生变被动为主动、变依赖为自主。需要心理健康咨询的大学生可以通过新媒体，在轻松自在的环境中，自主选择咨询老师进行线上心理咨询，甚至还可以通过浏览所需要的心理健康信息进行自我心理疏导。总之，无论是心理健康知识的学习还是心理疏导与咨询，通过新媒体的线上双向互动，使大学生从被动接受转变为主动参与，在新媒体平台中实现教育和自我教育，教师则承担着引导者的角色，学生的自主性与潜能得到极大发展。

2. 新媒体丰富了大学生心理健康教育的手段，增强了教育效果

长期以来，高校开展大学生心理健康教育的基本手段主要是课堂教学、心理咨询、团体辅导、心理危机干预、主题讲座与主题活动等。在新媒体时代，微信、微博、QQ、网络论坛以其互动性、快捷性、个性化等特点，日益成为一种崭新的心理健康教育载体并显示出独特优势。通过新媒体，教育者能够在较短的时间内将文字、图片或者音频、视频等结合起来形成生动有趣的教育内容传递给受教育者，激发受教育者的学习兴趣。同时，教育者还可以通过新媒体及时了解大学生当下的痛点与烦恼，进而针对大学生在虚拟化环境下暴露出的想法与做法组织讨论和引导，从而实现教育者和受教育者之间的互动和交流。这种针对某些问题多角度进行探讨的方式，有利于实现师生之间、生生之间的交流沟通与平等互助，既充分体现了心理健康教育"自助助人"的理念，也大大增强了心理健康教育的效果。由此可见，与传统的心理健康教育相比，借助新媒体开展的心理健康教育更丰富

生动，更有吸引力，也更容易调动学生参与的积极性。

3.新媒体提供了信息交流的平台与多样化的娱乐形式，有利于学生缓解焦虑情绪

新媒体是获取信息、发布信息、交流信息的平台，它的匿名性、平等性、互动性、便捷性让大学生能够在面对压力以及各种心理困惑时，利用在线心理测试、在线心理辅导或自主选择浏览心理健康教育信息来帮助自己正确面对压力，进行自我教育，从而化解心理问题。另外，也可以通过微信、微博、QQ等新媒体通讯方式与他人交流自己的观点与想法。由于处在虚拟的环境中，交流的双方或群体可以放下心理包袱，畅所欲言，有利于释放压力。此外，学生还可以通过适当的网络娱乐方式，如浏览社会新闻、文化艺术、旅游美食、经济动态、风土人情等网页以及通过网络游戏、网络购物、网络聊天、网络视频等方式放松心情、缓解压力。新媒体所提供的参与性、融入感以及娱乐性可以起到放松心情，排解烦闷，缓解焦虑情绪的作用。

二、新媒体环境下高校心理健康教育面临的主要问题及挑战

随着新媒体技术的不断发展，高校心理健康教育工作不可避免的受其影响。为顺应时代召唤，提高新媒体环境下高校心理健康教育的实效性，有必要直面新媒体环境下心理健康教育存在的问题及挑战。

（一）新媒体环境下高校心理健康教育存在的主要问题

1.教育理念落后，教学方法单一，难以唤醒学生主体意识

一些高校教师对心理健康教育的意义认识不到位，教育理念落后，教学方式单一，缺乏将心理健康教育与新媒体有效结合的措施与策略。在教育过程中习惯于采用传统的线下教育模式和方法开展工作，通常只重视理论知识的单向灌输，轻视互动交流，忽视了学生主体意识，难以满足不同学生的需要。由于这样的教育模式难以适应新媒体环境下成长的大学生，也无法及时掌握学生的思想和心理特征，学生学习的主体地位得不到充分体现，导致学生对心理健康教育产生抵触情绪，影响了心理健康教育的实效性。

2.心理健康教育工作者媒体素养和专业技能亟待提高

一些高校的心理健康教育工作主要由德育教师、政工干部、医务人员等兼任，具备心理专业学科背景的专职教师配备不足，导致从事心理健康教育的教师专业性不够，综合素养不高。部分教师不仅心理学理论知识以及心理辅导与治疗方法有限，而且运用新媒体的能力也不足。既不能很好地运用新媒体发布信息和接受信息，也不能娴熟地运用新媒体参与网络聊天和网络论坛，更无法在教学过程中结合新媒体的特点，用好现代化教学手段，对传统的教育理念和教育方式进行改革。一味地照本宣科、灌输说教，难以调动学生的积极性，使心理健康教育变得枯燥乏味，失去吸引力和感染力，心理健康教育效果不佳。

3.对新媒体认识不足，软硬件建设滞后，难以激发学生学习兴趣

在新媒体蓬勃发展的当下，许多高校仍然没有认识到新媒体在心理健康教育中的作用，

仅将新媒体视为心理健康教育的一种新型工具，是学生获取心理健康教育资源的平台，没有意识到信息时代新媒体所蕴含的育人价值与意义。网络心理健康教育方面的软硬件建设滞后，资金投入力度不大，人员配备不到位，加之对新媒体时代大学生心理问题缺乏足够的关注，心理健康教育的内容缺乏前瞻性、时效性、针对性。网络资源的开发不能很好地满足学生自我体验、自我发现、自我教育的需要，无法较好促进学生"自助助人"理念的落实，不利于个体潜能的发掘。同时，由于技术欠缺，新媒体环境下心理健康教育的便捷性、丰富性、多样性没能得到有效体现，失去了对学生的吸引力，错失了很多教育机会。

4. 网络维护与监管不到位，新媒体优势未得到充分发挥

由于缺乏对新媒体的足够认识，很多高校尚未建成网上心理健康教育工作系统，网络心理健康教育课程建设滞后，课程体系建立不完善。一些高校虽然也都有微博、微信公众号，或心理健康教育网站，但因网页内容、模块设计的维护和更新不到位，学生与心理健康教育新媒体平台的黏合度不高。加之缺乏有效的监督与管理，教师的教育教学行为以及学生的学习行为较为随意，新媒体成了碎片化知识的集散地，成了线下教育的宣传地，新媒体个性化、互动性强、高效率等优势在高校心理健康教育中没有得到充分发挥，失去了新媒体应有的优势，学生的使用频率和满意度低。

（二）新媒体环境下高校心理健康教育面临的挑战

1. 庞杂的信息易使部分心智未成熟、辨别力弱的大学生迷惘

新媒体的开放性和虚拟性使得各种鱼龙混杂的信息处在缺乏约束的状态下传播，一些暴力、色情、腐朽的负面信息通过一些伪装方式躲避政府的信息监管，混杂在传播内容里。这些被包装且具有一定迷惑性的负面信息侵蚀着心理不成熟、自我控制能力差的大学生，部分大学生因此丧失基本的分析判断能力，精神迷惘、消极颓废，有的丧失理性、道德失范，甚至做出违法犯罪的行为。

2. 新媒体的娱乐性和虚拟性迎合了部分学生逃避现实的心理

部分大学生在虚拟世界以虚拟的身份交友、购物、游戏、娱乐，并得到极大的心理满足，有时甚至分不清现实的我和虚拟的我，盲目沉浸于虚幻的世界之中。由于丧失现实感，混淆了虚拟世界和现实生活，经常会陷入自我的虚幻世界里难以自拔，社会交往能力大大下降，与真实的社会生活逐渐断裂，与他人的沟通与交流能力得不到充分的发展。这导致他们对学习和生活漠不关心、性格逐渐变得孤僻，与现实生活的距离日益疏远，极易出现冷漠、排他等心理健康问题，并容易诱发心理疾患和认知偏差。

3. 新媒体的公开性与便捷性使教育者的主导地位和影响力弱化

在新媒体环境中，海量的信息消解了教育者的主导地位和影响力。大学生只需借助于鼠标和键盘，便可以利用新媒体强大的信息搜索功能通过网上报告厅、视频公开课等渠道迅速获取感兴趣的知识，还可以按照自己的接受能力选择适合自己的学习方式和学习进度，这在一定程度上弱化了教育客体对教育主体的依赖，教育者知识主体的权威地位受到挑战，

教育者的主导功能和传统影响力弱化，传统的教育模式受到极大的冲击。同时，新媒体技术的广泛使用，还使得知识的更新周期变短，教育者的知识极易老化。如果教育者缺乏终身学习的意识，缺乏对教育方法的深入研究和新媒体技术应用的积极探索，就无法充分利用新媒体丰富多彩的教育资源开展教育活动；无法利用网络平台便捷高效的特性开展网络调查，增强心理健康教育的前瞻性；也无法利用网络媒体的互动性了解学生的心理动态，有针对性地开展教育工作。因此，新媒体环境下，教育者的主导地位受到极大的挑战。

三、新媒体环境下提高高校心理健康教育实效性的路径

新媒体对大学生心理健康教育带来了一系列的挑战，这就需要我们充分理解和把握新媒体的运行规律和特点，发掘新媒体的内在力量，寻找新媒体环境下心理健康教育的有效路径。

（一）转变教育观念，培养学生主体意识

高校心理健康教育就是根据大学生心理发展的特点，有目的地培养受教育者良好的心理素质，提高心理机能，开发心理潜能，以促进其整体素质提高和个性和谐发展的教育。心理健康教育的任务是促进学生的全面发展，特别是心理素质的发展，而不是仅停留在消极地消除学生心理问题层面。因此，心理健康教育者要做到三个观念上的转变，即变消极应对为积极发展；变外界调节为心理自助；变事后干预为事前预防。新媒体环境下，要想培养学生良好的心理素质，预防学生出现心理问题，心理健康教育工作者就必须树立将新媒体与心理健康教育相结合的教育理念，利用新媒体的交互性、便捷性以及传播广泛的优势，将显性教育与隐性教育相结合，变单向灌输为双向互动。通过引导、对话、交流的方式，培养学生的心理自主性、行为自律性和主体发展性。心理健康教育的本质是个体的自我构建、自我完善过程，个体内在的动力远大于外界的助力。因此，教育工作者要将自我教育与自我维护的理念贯穿于高校心理健康教育始终，要引导学生学会自我悦纳、自我调节和自我完善，使学生在自我教育和自我管理中培养自我提高、自我发展心理素质的能力，促进身心健康成长。

（二）提高媒介素养，增强教育渗透性

媒介素养是指人们面对媒介传播的各种信息时所应具有的选择能力、理解能力、质疑能力、评估能力、创造和生产能力以及思辨的反应能力。新媒体时代是一个信息爆炸的时代，海量信息里含有一些负面的内容，面对泥沙俱下的信息，师生只有提高媒介素养，才能抵制不良信息的侵蚀。在心理健康教育过程中，教师起着主导作用。因此，教师要熟练掌握新媒体技术，将新媒体技术与心理健康教育工作有机结合，充分利用新媒体传播便捷、互动性强、传播内容丰富多彩的优势，增强心理健康教育的针对性与吸引力。此外，教师还必须具备新媒体信息筛选的能力，选择的教育内容要适合学生心理发展的需要，教师要自觉成为心理健康教育信息的筛选者，要通过认真分析、仔细筛选、谨慎甄别的方式将不

利于大学生身心发展的信息充分过滤。同时，要加强学生媒介素养、价值观念、网络安全以及网络道德法制的教育，提高学生媒介认知能力、辨别能力以及自我约束能力，引导学生明辨是非、学会对网络内容进行正确的选择与判断，恪守网络道德、文明上网，养成健康的媒体行为习惯，避免行为失范，心理失衡。

（三）加强队伍建设，强化教育实效性

首先，将一批掌握心理专业知识与专业技能的教师充实到高校心理健康教育队伍中担任教学培训、心理辅导等专职工作。其次，高校要建立分层次、多样化的培训体系。通过岗前培训、日常培训、专题培训相结合的方式对心理健康教育工作者进行系统的心理学知识培训，并通过有针对性地开展日常心理辅导、教学与学术研究活动等措施，进一步提高心理健康教育者的专业素养。在新媒体时代，微信、微博和QQ等已渗入到大学生学习与生活的各个方面，高校心理健康教育工作者必须顺应时代发展的要求，通过参与培训和自我学习来提高相关技能，不断提高自己了解和利用新媒体的水平，并且设法运用新兴的传播媒介，发挥网络媒体、手机媒体等新载体的功能，以互动式、体验式、引导式和渗透式等方式来有效地开展高校心理健康教育工作，实现虚拟空间与现实空间的和谐与统一。总之，在工作队伍建设方面，一方面要加强心理健康教育工作者专业理论知识以及干预技巧和治疗方法的培训。另一方面还要加强工作队伍使用新媒体的能力，通过内容与手段的有机整合，实现心理健康教育与信息技术的完美结合，以便提升工作队伍的整体实力。

（四）加强新媒体平台建设，充分挖掘教育功能

首先，要充分利用新媒体传播快捷、图文并茂和声像俱佳等特点，建立形式新颖、设计简洁的专业心理健康教育网站，提高高校心理健康教育工作的吸引力和感染力。其次，要充分利用新媒体整合各类心理健康教育资源，开设微课、慕课等心理健康教育网络课程，从自我意识发展、情感关系联结、亲密关系建立及积极心理品质培养等方面传授心理健康常识和心理调节的方法和手段，不断创新心理健康教育课程体系，拓展心理健康教育平台。第三，鼓励高校心理健康教育工作者充分利用在线聊天、BBS、博客、微博、微信等教育载体，建立便捷的信息交流通道。通过开展网络心理咨询、网络心理测试，及时发现、排解学生在学习、生活、情感中出现的各类问题，更好地满足学生个性化、多样化的心理服务需求。同时，教师还要充分发挥新媒体快捷、方便、受众广的优势，将教学经验、教育心得和学术成果等资源发布在网络上，扩大心理健康教育的影响力和吸引力，提高心理健康教育的魅力。第四，使用网络平台加强与学生家长之间的沟通联系，充分发挥家庭在心理健康教育和心理危机干预中的协同作用，实现家校教育合作与联动。

（五）优化育人环境，发挥教育引领作用

大学生心理发展受生活环境影响，新媒体时代，要优化环境，创造有利于大学生心理健康发展的良好氛围。首先，高校要加大投入，增强新媒体软硬件设施建设，加快校园网络化、信息化建设步伐，提高对新媒体信息管控的技术水平，完善校园信息处理机制以及

新媒体信息传播的法律法规，净化新媒体信息环境。其次，学校要整合资源，围绕优化新媒体环境构建好三支队伍，把握好舆论环境。第一支队伍是以高校宣传及网络信息等部门为主构建的专业网络管理队伍。新媒体时代，网络信息泥沙俱下，网络管理队伍要对计算机信息网络资源进行管控，限制不良信息的传播，创造有利于大学生健康成长的网络环境，发挥好"把关人"的作用；第二支队伍是以心理健康教育工作者组成的专家型工作队伍。新媒体环境下，要加强对心理健康教育工作者新媒体运用技术的培训，着力提升新媒体应用能力，使他们既懂心理健康教育又懂新媒体技术，利用新媒体创造更好的育人环境，发挥好"引路人"的作用；第三支队伍是以班级心理委员、学生心理社团成员等为主的朋辈心理辅导者，高校心理健康教育工作者要选拔和培养一批心理素质好、沟通能力强、乐于助人，在学校、学院、班级较有影响力的朋辈心理辅导者，通过发挥他们在现实生活与网络环境中的陪伴、抚慰、引导作用，利用新媒体积极开展朋辈教育，为大学生实现助人自助构建温暖和谐的环境，发挥好"同行人"的作用。

新媒体的出现就像一把双刃剑，在带来机会与便利的同时也带来了诸多挑战。高校心理健康教育要在充分利用新媒体互动性强、信息量大、传播便捷等优势的基础上，直面新媒体环境下出现的问题并积极应对。通过转变教育观念、加强师资队伍建设、完善新媒体平台建设等措施，优化育人环境，创新心理健康教育模式、增强心理健康教育魅力，营造出良好的心理健康教育氛围，最终实现提高学生心理素质，促进学生全面发展的目的。

第三章　新媒体理念下的高校教育教学创新研究

第一节　新媒体理念下高校艺术教育

当今时代是新旧媒体融合发展的时代，既有新媒体的产生，又有旧媒体的式微。自20世纪末以来，新媒体不断展示出强有力的势态并不断发展。下面，笔者就如何利用新媒体创新艺术教育作一探讨。

随着互联网技术的发展，数字技术逐渐渗透到人们的日常生活学习中，已成为大学生生活中必不缺少的一部分，也逐渐形成了一种新的文化，这种文化也深刻影响着大学生的艺术教育。在网络互通的环境下，新媒体带来的信息是多元化的、动态化的，开阔了学生的思路，提高了学生的学习兴趣。但不可否认的是，新媒体自身也有一定的局限性。例如，网络资源的便捷化、多样化，使成学生在进行自主学习的过程中难以辨别好坏，容易误入歧途。

一、积极影响

（一）增强学生的课堂主体地位

美国音乐教育家梅森认为："知识主要是由学生自己获得的。而不是靠背诵老师所讲的东西。如果通过提出一系列问题，能够使他们自己找到答案的话，老师就不要什么都'讲'给学生听，这样做是为了引导他们获得准备教给他们的知识，同时也是为了激发学生的求知欲，集中学生的注意力。如此获得的知识，印象深，记得也牢固。"新媒体环境下的艺术教育，打破了传统课堂授课过程中老师讲学生被动听的模式，增强了学生的课堂主体地位。在新媒体环境下，传统的"一对多"的师生关系转变为"多对多"的师生关系，教师不再是唯一的传播者。在学习过程中，学生不再是单纯的接受者，而是参与者。学生可以在课堂中聆听、感受，从而更好地思考、琢磨。

（二）直观教学，培养学生的学习兴趣

在课堂教学中，我们可以利用多媒体创设情境导入课堂，激发学生的好奇心。张楚廷教授认为："教师要追求教学艺术，那就是努力使自己的教学方法富有创造性，富有审美价值，使自己的教学方法不仅新颖独到、别具一格，而且能吸引学生，有魅力，甚至为学生所欣赏。"以居住空间设计为例，在课程开始，要增加情境创设，以学生公寓或以目前所居住的空间为例，引导学生发现问题，激发学生产生学习居室空间设计的渴望，进而培养学生的独立创造能力和自我学习能力。

（三）加强与学生的交流与互动

可以在多媒体环境下引用实际案例，学生分小组进行讨论，尽情表达对问题的不同看法和处理方式。在进行课堂讨论的过程中，教师可根据学生的特点合理分配小组的成员，使每个人都能以独立的、不可或缺的身份进入合作角色，让每一位学生都根据其优势得到明确分工。另外，需要强调的是，课堂中的讨论并不只是学生与学生之间的讨论，教师也要适当地参与其中。

新媒体环境下，艺术教育不受时空限制，可以充分利用计算机和互联网业的发展，使用 QQ、电子邮件、微信等多种方式加强师生之间的联系，使学生在课后仍然可以与教师进行交流。以微信为例，在新媒体环境下，建立一个微信群。教师在微信群中发布某个设计作品，大家可以针对该设计作品发表不同的观点，也可以展开激烈的辩论。学生在讨论、辩论的过程中，不仅增加了师生之间的交流、互动，也增加了相互之间的交流，加深了对理论知识的理解，以便更好地应用于实践。

二、消极影响

（一）重"形"忘"本"

随着新媒体技术的发展，互联网为大学生提供了更多的机会和信息。但不可否认的是，新媒体自身也有一定的局限性。教师在课堂教学过程中，通过对前沿设计、优秀设计师的案例介绍和往届优秀设计作品的展示，丰富了课堂教学内容，调动了学生的学习积极性。但也有部分同学只对教师的优秀视频和前沿设计感兴趣，而忽略了对内容的学习。这也需要教师注意不能为了吸引学生的注意力，而一味地突出多媒体教学，忽略了学生的课堂主体地位。

（二）网络资源参差不齐

在新媒体环境下，学生对知识的摄取不仅仅局限于课堂、课本、图书馆等方面。网络上有大量的资源、视频资料等，获取方式也比以往更加方便、快捷，但质量参差不齐，对于初学者来说很难分辨内容的好坏，容易误入歧途。

三、新媒体环境下艺术教育的发展途径

（一）加强师资队伍建设，提升教师的专业水平

艺术教师应不定期参加专业培训，提高自己的教学方式和教学方法，不断适应"90后""00后"的创新思维。以居室空间设计为例，随着房价不断高涨，小户型的空间逐渐受到人们的喜爱。随着买房主体的年轻化，小户型空间的不断普及，人们对个性化、人性化的需求也不断增加。对于教师来说，要不断提升自身的设计水平，利用新媒体的广泛性和便利性掌握最新的设计动向。教师经常参观各大设计展和参加各设计大赛，以赛促教，不仅可以提高自身的设计能力，还可以积累教学素材。

（二）利用新媒体为学生创造良好的艺术氛围

艺术设计是为人服务的，设计师要从生活中汲取灵感，不断改变人们的生活，使人们的生活更加便利。网络资源的不断普及，信息的交流和共享，为大学生的艺术教育带来了机遇，同时也产生了一定的弊端。学生在足不出户的情况下就可以了解当下比较流行的设计风格和设计理念，但缺乏对市场的洞察力和与客户的沟通能力，设计的作品千篇一律，缺乏创新。艺术设计与其他专业相比，最重要的就是要追求个性化。以主题餐饮空间设计为例，不仅要考虑主题元素的体现，还要考虑其创新性、独特性、地域性、文化性，在满足消费者个性化需求的同时，增加客户的消费欲望。因此，在授课过程中，教师不但要注重创意教学，还要增加对学生创新能力的培养，增强原创性，避免抄袭。

（三）利用新媒体将设计营销化

利用新媒体的特点将设计营销化。在校企合作的过程中，教师带领学生到企业参观、学习，复习巩固基本理论知识的同时，可以选用企业的真实项目，真题实做。教师利用微博、微信等社交工具发布学生的设计作品。若有客户喜欢学生的设计作品，可以继续与学生沟通交流，并支付一定的设计费用。在校大学生设计营销化，不仅使得设计作品得到认可，还激发了学生的学习积极性，降低了就业后的培训成本，使设计更接"地气"。

四、新媒体环境下艺术教育的创新

（一）利用新媒体开阔学生的眼界

新媒体有很多应用形式，比如微信、微博、APP、VR 等。新媒体具有广泛性、多元性、交互性等方面的特点，为大学生提供各种各样的艺术内容和学习形式，打破学科之间、学校之间、地区之间的限制，使学生不再被动地接受知识。在新媒体平台上，大家可以针对某一设计作品自由发表看法，改变了传统的交流方式，实现了信息共享。随着各种 APP 的出现，学生可以自行下载，随时随地掌握前沿设计信息，使学习不再局限于课堂、课本。随着新媒体的发展，VR 技术应用越来越普遍。用户可以身临其境地了解空间布局、色彩、

材料等，展示真实的空间设计，开阔眼界。

（二）利用新媒体培养学生的创新思维

在新媒体环境下，艺术设计作品传播更为普及，教师可以通过互联网上传教学资源，学生可以自行下载学习。师生之间的交流，突破了时间、地域的限制，可以随时进行艺术教育，从而引发更多的艺术设计创新。利用新媒体的文化、传播功能，汲取地域文化进行艺术再创造，不仅激发了学生的创新性，更培养了学生的创新思维。

新媒体环境下，大学生艺术课程教学不再是封闭式的。艺术设计是一门综合性的学科，需要多学科资源的整合。以环境设计专业为例，涉及材料学、建筑学、人体工程学、环境心理学等多方面的知识，需要多学科资源的整合和归纳。在教学资源库里不但可以设置教师设计作品集，还可设置学生设计作品集。在大部分艺术院校，学生的设计作品只是摆放在临时的展厅。展览完毕后，设计作品就被随意堆放或丢弃，容易打击学生的学习积极性。建立教学资源库，可以收录优秀的学生作品或是参赛获奖作品，还可以解决展厅场地的问题，增强学生的学习积极性。学生不仅可以在资源库里找到自己的设计作品，教师也可以在教学的过程中对往届优秀学生的作品进行分析。

新媒体具有时效性强、互动性强、受众面广等方面的优势，而且被绝大多数年轻人所接受，比如 APP 在大学生中的使用频率很高。现在很多高校已开通了校园 APP，可以发布艺术资讯、学术讲座、文艺沙龙、院系动态等，学生可以随时了解学校的新闻动态、文化活动、社团活动、艺术展出等，为大学生参与校园生活提供了方便。新媒体的介入还丰富了学校的社团活动，学生在社交平台上挑选适合自己的社团活动，有利于展示个人特长，发挥个人优势，培养自己的动手能力，丰富自己的艺术实践活动。

新媒体环境下，教师不仅要紧跟时代步伐，不断提高自己的专业水平，而且必须认识到新媒体带来的契机和挑战。新媒体的"新"是相对于传统媒体来说的，新媒体自身也有一定的缺陷和不足，不能一味地强调唯新论。教师要结合传统媒体，利用新技术，改革艺术教学方式，完善教学体系，丰富教学内容，有效推动艺术教育的发展，凸显艺术教育的创新性。

第二节　新媒体理念下高校创新创业教育

"大众创业、万众创新"提出以后，全国掀起了创新创业的热潮，在"十三五"规划中也提出创新是引领发展的重要动力，在舆论政策上鼓励人们创新创业。大学生作为即将步入社会的主力军，也是最有动力和激情的潜在创业者，全社会都非常重视创新创业教育问题，它是关乎国计民生和社会可持续发展的关键，也是服务于创新型国家建设的重大战略举措。

一、高校实施创新创业教育的必要性

早在千禧年之际，我国就提出了科教兴国的发展战略，通过提升我国的科技水平，缩小与发达国家的差距。21世纪的竞争，归根结底还是人才的竞争，创新型人才是国家建设的核心动力，对经济建设起决定性作用。美国是典型的创新创业驱动经济发展的国家，将近95%的财富都是由比尔·盖茨、乔布斯等创立企业所创造的。

高校是培养就业主力军的重要教育机构，培养社会所需的创新型人才，随着科技的不断发展以及经济结构调整，对于高校教育提出了更高的要求。自大学扩招以来，我国大学生规模不断扩大，高校教育呈现"大众化"的趋势，连年增长的大学生毕业人数，为社会就业带来较大的考验，科技进步劳动密集型企业也面临转型升级，由此缩减了许多就业岗位，这带来了大学生就业难的问题。在李克强总理的"双创"号召下，创业成了缓解大学生就业压力的绝佳途径之一，创业成功的企业还会带动更多人就业，激发科技、经济发展活力。

对于学生而言，创业也是实现个人价值的途径之一，在全球经济一体化的环境下，中国面临着极大的发展机遇和挑战。年轻人很早就受到世界文化的影响，对于世界有不一样的看法，新时代的大学生思想更加开放，不拘泥于现实敢想敢闯。所以，高校实施创新创业教育具有重要现实意义。

根据国家统计局数据，截至2017年12月，我国网民规模达到7.72亿人。从年龄结构来看，网民以10—39岁的群体为主。通过以上数据，可以知道互联网在大学生群体中的普及，他们也是使用多媒体最为活跃的群体。大学生具有求新、求异的心理，随着互联网技术不断发展，已经将社交、学习、购物等向线上延伸。为了确保创新创业教育的效果，高校很有必要借助新媒体技术，实现对学生全面覆盖，构建直接、高效的教育体系。

新媒体突破了时间与空间的限制，让人们可以随时随地交流，特别是实名制逐步推进的情况下，网络社交的可靠程度也在不断提升，大学生通过网络互动也更加频繁，习惯了虚拟世界的交流，呈现人际关系网络化的特点。同时，互联网是开放的平台，借助高速率的网络支持，学生们可以互相交换信息资源，由此催生了共享文化。随着技术的发展，为举办新媒体活动提供了良好的条件，学生积极参与相关活动，希望透过这个媒介了解社会，分享、评论和参与社会实践，如2016年初在网络上爆发的"表情包大战"，就是以维护国家主权完整的自发性网络活动，参与主体主要是年轻人。除了学习，大学生主要的娱乐活动，也将部分搬入网络上，如手游、购物等，大部分的生活活动也主要在网络或通过网络进行。

二、当前高校创新创业教育的不足

（一）内容简单投放，目标价值不清晰

大部分学生对于创业教育没有形成正确的认识，不理解其教育内容的内涵，仅仅是认为创业就是创立新的企业，忽视了"创新"在其中的主导作用，在这种不准确的教育理念影响下，偏离了创新创业教育的初衷。之所以出现这一问题，与创业教育内容简单投放有很大的关系，部分高校的创业课程仅仅是教师通过 PPT 课件进行理论讲解，或是在微博、微信平台推送几篇创业文章或小知识，没有形成线上线下教学的良好互动，学生容易混淆教育内容。

（二）师资力量不足

对于高校而言，没有配备专业的创业教师，仅仅是由思想政治课教师兼任创业教师，由于教师缺乏足够的创业经验，使得创业教学停留在理论教学的层面，无法更深入地讲解创业知识。此外，高校对于创业课程不够重视，也是师资力量不足的原因。高校通常将创业课程列为选修课，安排的课时不够多，仅仅在一个学期或学年完成相关教育，没有形成连续性的课程体系。

总体来看，大学生创业与选择就业的学生比例比较，以后者居多。因此学校不可能耗费过多的资源，提高创业教育师资力量，这也是高校创业教育水平难以提高的重要原因。

（三）教育路径单一

在新媒体的环境下，部分创业教育仍然沿用着传统的教学模式，仅仅依靠 PPT 课件展示知识，同时举行简单的创业讲座等方式。教学方式上没有与新媒体技术进行融合，与学生高度网络化的生活特征相背离，创业课程对于学生的吸引力不大，从而取得不佳的教学效果。加之高校对于创业教育不够重视，没有组织起针对创业教师的新媒体技术培训，帮助他们熟悉新的教学环境，运用新技术工具强化教学效果，如利用微博、微信强化与学生的联系和宣传，剪辑课堂所需的创业视频，等。或组织教师参加专业的创业教育培训活动，使其掌握最新的教育理念和方法。当前高校创业教育路径，呈现单一化、垂直化、扁平化的特点。

三、新媒体技术下构建创业教育体系的路径

（一）明确创业教育目标价值取向

只有明确创业教育目标，才能更好地安排创业课程，配置教师资源。创业教育本身具有强烈的主体性、实践性、超前性，要求学生积极地参与教学活动，从而才能将课堂所学知识转化为实用技能，付诸实践。同时创业要考虑未来的市场环境，引导学生往有良好前景的新兴行业，需要超前地预估创业项目，避免学生在夕阳行业创业。基于以上要求，在

教学过程中，帮助学生明确创业目标，通过举办实践活动使其掌握一定的创业知识和技能。

高校创业教育的目标，就是培养具有创新精神、创业知识的高素质人才，因此课程设置、师资力量安排要根据这个核心要求展开，整体提高学生的综合素质和创业素养，要避免教育模式实践性不强以及功利化的倾向。要明确创业教育面向全体学生，它不是精英教育，因此在教育实施过程中要保证公平性，在校内营造积极的创业氛围。

教育方法方面，要以案例为主导展开理论教学，让学生对于理论知识有所参考、对照，以启发而非灌输知识的教学手段，培养其创新创业能力，提高教育的实效性。通过创业案例启发学生的创业思维，从个案中汲取有益经验。同时积极利用新媒体技术工具，形成线上线下联动的教育体系，让学生在网络活动上也获得创业教育资源，在潜移默化下受到良性影响。通过这样的设置，构建清晰、明确的创业教育目标，从而在校园内营造良好的创业氛围。

（二）搭建新媒体创新创业教育平台

上文提到，学生大部分业余活动主要通过网络进行，因此学校也要跟进，搭建新媒体创新创业教育平台，为学生获取创业知识提供方便，同时借助新技术的优势，进一步加强信息传播、共享。透过这一平台，也方便教师与学生进行沟通，对于创业面临的困惑，也能够通过它寻求答案。

1. 能力测评平台

创业教育就是对学生创业精神、技能的培养，因此对于教学成果的评定，不是通过卷面成绩来评价，而是透过学生在实际活动中的表现来评价。能力测试平台，就是在新媒体技术环境下，搭建能力测评平台，从多个方面来评价学生的创业能力。

首先是基本素质的测试，对于创业活动有几项素质要求，如自信心、抗压能力、社会实践能力等，在这方面主要测试学生的心理素质，以此作为评估学生适合创业方向的重要依据。专业能力，创业教育不仅是指导学生如何创立新的企业，同时也是指导其利用专业优势实现产品创新，因此要评价学生创业项目的专业性和创新性，以及市场竞争能力，等。社会实践能力，主要是考验学生的动手能力，如开一家咖啡馆的创业项目，那么学生必须要掌握操作咖啡机，简单修理机器故障，或是与咖啡豆供应商谈判等技能。借助线上的能力测试平台，要求学生将创业项目或参与实践活动的情况反馈给指导教师，然后根据学生的文字表述、图片、视频等对其创业实践表现进行评分。通过这样的方式，教师可以帮助学生发现更加适合的创业方向，了解自身的优缺点，在后续的活动中扬长避短，从长远角度规划职业生涯。

2. 网络创业指导服务平台

为了更高效地利用创业教师资源，搭建网络创业指导服务平台，通过网络集聚起高校所有创业教师，并为学生提供在线创业指导服务。上文提到，高校由于不够重视创业教育，因此在这块的资源投入较少。而构建这样的服务平台，可以将有限的教师资源集中在一起，形成教学合力。同时，由于此服务平台在网络上运行，摆脱了常规教学的时空限制，学生在遇到困惑后，及时登录此平台向教师寻求帮助和建议，形成实时化的创业指导服务体系。

除此之外，这一平台也是高校创业学生交流心得、分享资源的平台，通过对他们进行集中培训和跟踪指导，满足学生创业团队的指导需求，解决创业过程中的技术、管理、法律等方面的问题。

3. 创业信息和资源共享平台

为了规范学生的创业行为，避免其误入歧途，构建创业信息和资源共享平台，帮助学生甄别创业信息的真伪，为其提供最新国家政策的信息支持。同时借助这一平台，促进各学生之间的合作和共享资源。

这一平台主要发挥着三大作用：①借助新媒体向学生宣传国家关于大学生创业的政策以及各项帮扶措施；②利用高校的资源，为学生提供法律咨询服务，解决他们在创业过程中遇到的经济、劳动纠纷，使其明白可能涉及的法律问题；③促成学生合作，形成互帮互助的创业链条，借助新媒体技术将有益信息传播出去，整合社会人际资源，发挥校友创业帮扶的作用。

（三）多样化改革创新创业教育路径

1. 创建多媒体课堂

由于高校分配的创业课程课时较少，在教育资源得不到改善的情况下，可以构建新媒体课堂，借助新技术提供尽可能多的教育机会，让学生进行碎片化学习，利用业余时间与教师、同学沟通交流。如借助微课的形式，将主要知识点浓缩到5~10分钟的视频里，学生可以利用课余时间进行反复学习。这样的微课设计，有助于摆脱传统教学对于时间和地点的束缚，学生可以在任何地点、时间进行学习，弥补创业课程课时不足的问题。此外，微课的教学形式更有利于提高教学效率，教师将课堂教学案例、理论知识点利用新媒体技术发送给每位学生，让其线上进行预习。那么在课堂教学时，教师可以省去介绍案例的时间，直接进行内容讲解，极大地提高了教学效率。

同时，构建新媒体课堂将教学网络化，教师可以线上跟踪学生的学习情况，并及时予以指导。学生也能够根据新媒体课堂，及时获取课程的最新学习内容，加强与同学的交流，对创新创业教育提供智力支持。

2. 设计灵活的新媒体创业活动

创新创业教育对于大部分高校来说是一种新兴课程，没有积累起足够的教育经验。为了进一步提高创新创业教育的质量，需要获取足够的数据和信息，才能针对性地调整课程，使其更适应本校学生的特点。因此，学校利用自身的官方微博、微信发起投票、问卷调查等新媒体活动，以这样的形式获取大学生创业的数据，了解学生创业实践面临的问题。这些活动相比线下问卷调查，其调查回收率更高，获得的数据也更及时，学生们的参与度更高。

高校利用自身的渠道优势，以官方微博、微信宣传本校学生的宣传项目，帮助他们进行业务推广。同时集聚起所有学生创业者，共同举办线上线下联动的活动，通过规模效应，让更多人熟知创业项目，将优秀的项目推销出去，寻求企业合作或政府支持。在这过程中，基于活动的举办，收集学生创业过程的数据，针对遇到的问题进行分析，依托于大数据技术构建创业教育效果模型。通过它对常见创业问题进行分类，并通过计算得到解决方法，从而在后续教学中改进，改善传统教育模式的缺点。

3. 依托创业数据模型开展个性化辅导

上文提到，高校举办形式多样的新媒体互动活动，获取学生创业数据。利用构建的数据模型，将个体学生的创业问题代入到数据分析模型中，分析其创业项目的优势和劣势，发现解决问题的方法。将所有学生数据汇入到分析模型中，按照分析结果将创业学生进行分类，如技术类、服务类、产品类创业。分类完成后，再分配不同的创业教师，进行针对性创业教育。由单个教师负责对某一类学生的指导，基于自身的专业经验，提出最科学、合理的建议。借助网络创业指导服务平台，教师可以与单个学生进行沟通，并根据模型分析结果，进行个性化辅导，进一步强化创业教育指导作用。然后根据学生反馈，再修改模型错漏的部分，提高数据分析结果的准确性、专业性。

依托于新媒体技术，教师可以对学生进行心理辅导。在创业初期，大部分学生缺乏启动资金，为了获取资金采用不恰当的方法，如网络借贷。由于学生缺乏社会经验，很容易被所谓"低利息、放款快"的字眼所蒙蔽，在没有足够偿还能力的情况下，借取资金。创业失败后，由于还不起某一网贷，采取"拆东墙补西墙"的方式，又借另一平台的网贷，使得利息越滚越高，最后学生心态崩溃，做出不理智的行为，如自杀、犯罪，等。借助于数据分析模型，对学生提交的创业数据进行分析，从中发现可能存在的创业风险，教师可以及时劝止学生的某些行为及时止损。对于创业失败的学生，教师对其进行心理辅导，并将辅导结果录入数据模型，促进分类、分析结果更加准确，形成创业辅导的良性循环。

综合上述，传统创业教育模式已很难适应当今大学生接收信息的特点，因此需要对创业教育进行改革，首先明确创业教育目标，将培养学生创业精神和技能作为教学重点。搭建新媒体创新创业教育平台，为学生提供创业指导服务。最后改革创新创业教育方法，以微课、新媒体活动、构建数据模型的方式，强化教学效果，切实提高学生创新创业能力。

第三节　新媒体理念下高校廉洁文化教育

新媒体时代，高校廉洁文化教育话语呈现新的特性，面临着话语权的转变、信息的自发性、传播的碎片化、场域的复杂性等方面带来的挑战，话语创新成了当前高校廉洁文化教育的迫切要求。从话语体系、传播方式、队伍建设、话语空间四个基本维度构建话语创新新模式，通过提升引导力、公信力、传播力、影响力几个方面增强话语主导性、权威性、整体性、认同度。

习近平总书记指出："必须把意识形态工作的领导权、管理权、话语权牢牢掌握在手中。"这充分说明了意识形态工作的重要性，也回应了话语权亟待加强的现实必要性。话语作为时代的产物，具有强大的精神文化力量，它是思想理论与价值观念的外在表达形式。高校廉洁文化作为当前社会主义先进文化的重要组成部分，是高校人才培养的重要内容。新媒体作为一种新兴的媒介形式，影响着人们的生存方式、思维方式、交往方式，包括人们交往的话语形态和表达方式，为高校廉洁文化教育话语实践提供了全新的传播工具与话语场域。高校大学生是使用新媒体的主要群体，也是高校廉洁文化教育的主要对象，对于新媒体的感知强烈而敏锐，因此，高校如何在新媒体时代下创新廉洁文化教育的话语已经成为重要的研究课题。

一、高校廉洁文化教育话语面临的现实困境

高校廉洁文化教育话语既是教育话语形态的一种，也是思想政治教育话语体系的一部分。随着新媒体技术的不断发展与广泛使用，其中承载的话语信息正在深刻地影响着人们的生活方式、生活习惯、价值观念，呈现出其所特有的时代特质。大学生作为高校使用网络最为活跃的群体，最容易受新媒体网络话语变革的影响。当前，网络话语存在着话语权的转变、信息的自发性、传播的碎片化、场域的复杂性等问题，与高校廉洁文化教育的马克思主义理论学科的话语特性存在一定的张力，影响着高校廉洁文化教育话语的主导性、权威性、大众性、认同性。

（一）话语权的转变消解了高校廉洁文化教育话语的主导性

新媒体时代下，大学生作为高校廉洁文化教育的对象，拥有与教育者同等的话语表达机会，一定程度上消解高校廉洁文化教育话语的主导性。具体表现在：一是话语的影响力降低。高校廉洁文化教育话语主体双方具有强大的信息搜索和发布能力，能够获取各种信息和资源，话语表达的空间也得以拓展，多元价值取向也随之不断增加。人们对廉洁文化教育话语的关注度逐渐降低。二是话语吸引力变小。廉洁文化教育话语的严肃性与新媒体生活化语境形成鲜明的对比。大学生作为"网络原住民"，对生动形象、贴近生活的话语内容较为关注，而高校廉洁文化教育的理论无法真正激起他们的兴趣与关注。三是话语的引导力减弱。新媒体语境下传统的主流传播受到一定的冲击，意识形态话语更加日常化、娱乐化、碎片化。也就意味着，教育主体、客体都可以从网络媒体上获取大量信息，也包括与高校廉洁文化教育内容相违背的信息。多元化的内容与选择弱化了主流意识形态的话语效果。

（二）信息的自发性削减了高校廉洁文化教育话语的权威性

在新媒体时代，"去中心化"特点突出，数字技术融合了音频、视频、文字、图片等，丰富了信息传递的内容和形式，突破了信息的传统传播模式。通过新媒体可以实现信息的

直接发布与获取，具有强大的自发性，一定程度上削减了话语的权威性。具体而言，一是传统媒体时代教育者占有话语权威性。建立在新媒体网络媒介上的虚拟沟通和交流方式，一定程度上冲击了传统的话语模式。教育主体双方拥有强大的信息搜索能力和话语发布能力，主体角色逐渐弱化，信息主导地位被减弱，教育对象可以直接从网上获取大量的信息，甚至是教育主体没有获取的信息。二是传统的媒体时代教育者具有话语主导性，能够对教育内容进行一定的筛选与过滤。新媒体网络上传播着各种各样的信息，媒介依赖下的大学生所接触获得的信息大多来源于媒介，而媒介中的负面信息也同样会被他们所获取，高校廉洁文化教育话语逐渐走向边缘化，大学生对现实的廉洁文化教育的关注会逐渐降低，一定程度上削弱了话语的权威性，也会给高校廉洁文化教育话语带来认同危机。

（三）传播的碎片性消减了高校廉洁文化教育话语的整体性

新媒体时代下，传播的碎片化已经成为当前客观存在的语境特征。主要表现为：一是传播内容的碎片化，新媒体平台上，信息更新的速度快且信息量大，新媒体场域下充斥着各式各样的信息，人们可以通过手机客户端、电脑、微博、微信等平台进行信息的获取与传播；二是传播方式的碎片化，新媒体平台下的传播是立体式的传播，融合了各种传播方式，打破了传统的一对多的单一传播模式。而高校廉洁文化教育话语作为高校思想政治教育内容的组成部分，具有突出的系统性、理论性、完整性。新媒体时代下的碎片化传播，导致了高校廉洁文化教育话语的内容被碎片化的传播所颠覆，导致高校廉洁文化内容信息的零散性。新媒体下高校廉洁文化教育话语出现有部分用词不严谨、结构不完整、口语化、娱乐化、随意性等现象，甚至在话语形式的转化融入中，一味迎合了人们的趣味，淡化理论与原著，这一定程度上消减了高校廉洁文化教育话语的系统性与整体性。

（四）场域的复杂性降低了高校廉洁文化教育话语的认同度

对高校廉洁文化教育话语的认同本质上是对话语所蕴含的价值的认同。新媒体技术发展为高校廉洁文化教育话语提供了一个前所未有的全新话语场域，教育主体能够获得相对自由的话语表达与传播平台。在这样自由开放的新媒体空间中，各种观点不断涌现，海量的信息得以广泛传播，为信息传播营造了良好的氛围，但同时也使得信息鱼龙混杂，难辨真伪。尤其是当前多元化的社会思潮，不同阶层、不同利益的人们在场域中自由地发表着各自的观点、利益诉求、思想观念，其中也包括了一些不良的消极信息。这使得新媒体话语场域的信息呈现出一定的复杂性。在这样一个复杂的话语场域中，如果不争取获得新媒体的话语主导权，提升话语的影响力，将党言党语与民言民语相结合，准确传播高校廉洁文化话语核心价值，使得高校廉洁文化教育话语真正站得住脚，就难以让大学生信服。

二、高校廉洁文化教育话语创新的构建

新媒体时代为高校廉洁文化教育话语提供了便捷、交互的话语场域，也带来了新的话语创新契机。因此，新媒体时代高校廉洁文化教育话语应当遵循当前的话语特性，从话语

内容、传播方式、话语能力、话语空间四个基本维度构建话语创新的新模式。

（一）构建契合于新媒体特性的话语内容

话语既是一种文化，也是一种传播载体，话语内容的建构是创新话语的基础。遵循高校廉洁文化和话语体系建构的规律，契合新媒体时代的基本特质，整合多元化的话语。首先，以政治教育为核心，突出高校廉洁文化话语内容的方向性。主要是由廉洁文化的意识形态本质所决定的，必须紧紧围绕这个本质，完善政治话语，坚定正确的政治立场与政治主张，充分发挥廉洁文化的鲜明指向性与引领性。其次，以思想道德为引领，增强廉洁文化教育话语内容的主导性。高校廉洁文化教育以清正廉明为思想内核，重在解决人们道德认知与道德行为的问题，是高校理想信念、道德品质、行为规范和价值追求内化于心、外化于形的过程。抓好高校思想道德建设，使廉洁自律成为高校主体的美德，形成廉洁文化社会氛围。最后，以传统文化与现代文化为依托，推进高校廉洁文化话语内容的自觉性。突出贯彻执行中央八项规定，反对形式主义、官僚主义、享乐主义和奢靡之风。从中华民族优秀传统文化中汲取廉洁思想养分和文化力量，进行创造性转化和创新性发展，不断厚植廉洁文化根基。

（二）打造连接主客体的话语传播方式

传播既是一种过程，也是主客体间的一种互动。高校廉洁文化教育话语离不开有效的传播，话语传播方式是创新廉洁文化教育话语的重要环节。具体而言，一是打造新媒体网站平台，占领话语传播主阵地。充分利用新媒体技术和现代传播手段，建设以廉洁文化教育为主题的网站，传播正能量，弘扬主旋律，搭建师生互动交流的平台。二是利用新媒体平台，拓展话语传播主渠道。充分利用以微博、微信、QQ等即时软件为主的传播平台，使之成为当前高校发布或获取信息与交流的平台。利用承载着高校廉洁文化教育话语信息的新媒体传播，迎合人们的生活习惯与生活方式，增强主体的积极性与互动性。

（三）提升高校廉洁文化教育的话语能力

话语能力既包括对高校廉洁文化话语的创新能力，也包括对当前话语内容体系的运用与表达的能力。话语能力直接影响了高校廉洁文化教育话语能否真正得以传播，关乎高校廉洁文化教育话语的实效性，是高校廉洁文化教育话语创新的重要保证。这就需要高校必须要有一支综合能力过硬的队伍。具体而言，一是完善高校话语队伍人员的匹配。针对当前高校廉洁文化建设队伍存在的人员不足的问题，要及时补齐当前的人员缺口，为高校廉洁文化建设提供良好基础。二是加强对队伍话语能力的培训。针对当前政治思想教育人员素质与能力参差不齐，甚至对语言运用能力较差的问题，要不断完善教师队伍的能力培训，提高教师的话语能力，打造一支能够适应新媒体时代发展的高校廉洁文化教育话语传播者与运用者。

（四）创设多元主体协同的优良话语空间

新媒体作为大学生主要的信息获取与交流平台，是廉洁文化教育的话语空间。话语空间如何直接影响着受教育者的思想与行为导向。因此，要多方面采取措施为高校廉洁文化教育开展提供保障。首先，完善高校舆情监督保障体系。针对网络上与主流意识形态有冲突的信息，高校应该加以监管。通过学校在网上的活跃度和活跃区域，进行及时的观测、分析并发现舆情，及时控制，引导学生正确的价值取向。其次，提高受教育者的媒介素养。新媒体时代，教育者与受教育者双方都要具备使用新媒体的基本技能，才能充分利用与发挥新媒体的优势。提升教育主体的新媒介素养，要了解媒介、善用媒介。最后，加强主体舆论引导力。一方面，教育主体要确保话语的基本立场，能够对廉洁文化教育有整体的把握，在新媒体平台中发挥正面引导力。另一方面通过新媒体平台增强廉洁文化教育话语的吸引力与影响力，引导学生积极参与，平等对话，凸现话语的表现力。

三、高校廉洁文化教育话语创新的路径

习近平总书记提出："要加强传播手段和话语方式创新，让党的创新理论'飞入寻常百姓家'。"他还强调，要"高度重视传播手段建设和创新，提高新闻舆论传播力、引导力、影响力、公信力"。创新新媒体时代高校廉洁文化教育话语，就要以构建话语新模式的四个维度为基础，遵循高校廉洁文化建设的规律，牢牢结合新媒体时代的话语特征，使话语创新与新媒体进行完美的契合，实现廉洁文化教育的话语创新。

（一）提升话语引导力，增强话语主导性

新媒体时代需要不断更新话语理念，结合新媒体和高校廉洁文化的特点，进行信息与内容的系统整合。具体而言，一是建设高校廉洁文化教育专题网站。利用新媒体对信息进行获取、筛选、判断、整合、利用，不断丰富廉洁文化教育话语内容，充分发挥新媒体传播的实效性。二是构建官方互动平台。将廉洁文化话语与新媒体技术相结合，不断提升高校廉洁文化教育话语的吸引力与感染力。三是培养话语意见领袖。高度重视、挖掘和培养具有较高素养的廉洁文化教育话语队伍，引导学生的主流意识形态，主动抢占网络媒体新阵地，在碎片化的信息中抓住重点和本质。具体包括：其一，提升新媒体高校廉洁文化教育队伍的政治素养与政治敏觉度，提升辨别力，把握好网络信息正确传播。其二，增强新媒体高校廉洁文化教育队伍的理论水平，培养一批理论功底扎实、对廉洁文化有深入研究的教师队伍。其三，提高高校廉洁文化教育队伍的新媒体技术水平。提升队伍对新媒体工具的使用，真正理解、掌握、运用新媒体。其四，充分发挥思想政治教育理论课教师、高校党政机关干部及一线辅导员的协同作用，同时，鼓励大学生积极参与其中，让他们成为高校廉洁文化教育话语的传播者。

（二）提升话语公信力，增强话语权威性

"理论只要说服人，就能掌握群众；而理论只要彻底，就能说服人。所谓彻底，就是抓住事物的根本。"新媒体时代，面对海量复杂的网络信息，必须要牢牢把握话语权，实现话语真理性与现实性的统一。具体而言，一是坚定马克思主义基本立场。在思想观念与价值取向鱼龙混杂的新媒体时代，更需要极具凝聚力与向心力的价值观作为指引，坚定话语立场。用马克思主义的立场、观点、方法深入研究和阐述当前廉洁文化的内涵与特点，使大学生能够清楚认识到自己肩负的历史责任与时代使命。二是依托中华民族优秀传统文化。廉洁文化话语与传统文化有着历史的继承性与时代的发展性，优秀传统文化蕴含着丰富的廉洁文化资源，如习近平总书记引用过的古语"俭则约，约则百善俱兴；侈则肆，肆则百恶俱纵""公则民不敢慢，廉则吏不敢欺""公生明，廉生威""廉者必知耻，而知耻则能廉"，等等，都是廉洁文化教育的话语养料。三是聚焦大学生所关注的热点舆论。注重网络的对话，强化网络传播内容的引导力。在重大问题、关键问题上，干预发声，增强舆论引导力。

（三）提升话语传播力，增强话语的整体性

习近平总书记指出："新闻舆论工作要适应分众化、差异化传播趋势。……利用互联网技术和信息化手段开展工作。"这就需要对高校廉洁文化教育话语进行重组与创新，将高校廉洁文化教育中蕴含的思想理念、价值判断与受教育者的认知习惯结合，增强传播的广度与范围，提升话语传播力。具体而言，一是创新网络话语传播的形式。充分发挥新媒体的开放性、即时性和交互性的特点，实现"受众在哪里，宣传报道触角就要伸向哪里"。改变当前以书本为主的单一形式，实现廉洁文化教育文字、图像、声音等形式的融合。其一，采用视频形式。高校可以通过视频的表达方式将具有严肃政治性的廉洁文化内容以视频形式展现，由图片到视频的转换，提高大学生对廉洁文化的关注与了解，引领他们正确的价值取向。其二，采用网络流行的形式。采用图片、视频、文字相结合的形象生动的表达方式，增强话语的吸引力与感染力。同时也要善用网络热词，拉近与大学生的距离，消减严肃性话语的枯燥与乏味性。其三，使用贴近大学生日常生活的语言风格。新媒体时代，大学生的语言风格是通俗易懂的，将理论话语转化为大学生爱听、易懂、能接受的话语体系，真正实现官方话语民间化、学术话语生活化，不断增强话语的亲和力与感染力。提升教育者的话语供给能力，丰富话语内容。新媒体时代，信息资源的丰富性与开放性，传播信息的碎片化，迫切需要教育主体提供更加具有吸引力和感召力的话语内容，与廉洁文化教育话语本身的理论性与整体性相契合，才能不断满足教育对象的多元诉求。

（四）提升话语影响力，增强话语认同度

习近平总书记指出："一个道理能深入浅出阐释清楚，走到哪里能很快同群众打成一片，讲的话群众喜欢听，写的文章群众喜欢看。"高校廉洁文化教育话语的创新，需要提高廉洁文化教育话语语境相关性，兼顾网络空间与现实空间两大场域，积极占领话语空间，提

升话语的影响力，增强大学生高校廉洁文化教育话语的认同感。借助新媒体网络平台，实现线上与线下的互动，不断延展话语空间。网络上信息混杂，尤其是错误的思潮以其新颖生动的形式占领网络场域。对此，必须要重视意识形态的主阵地。建立专业部门和团队、扩大高校舆论影响能力，占领话语空间，实现高校廉洁文化教育话语的有效传播。

第四节　新媒体理念下高校党风廉政教育

十八大以来，以习近平同志为核心的党中央，着眼于新的形势任务，把全面从严治党纳入四个全面战略布局，把党风廉政建设和反腐败斗争作为全面从严治党的重要内容，以旗帜鲜明的政治立场、坚强无畏的政治勇气、坚韧不拔的政治定力，着力解决管党治党失之于宽、失之于松、失之于软的问题，形成正风肃纪、崇清反腐的正能量，极大地纯洁了党风政风、振奋了党心民心。但近年来随着经济社会的快速发展和高校教育体制的改革，我国高等教育发展步入了快车道，随之而来的高校腐败现象也层出不穷地暴露出来，个别案件触目惊心，引起了社会的广泛关注。高校作为社会主义建设人才输送的基地，腐败案件的影响则更为深远，因此如何加强党风廉政建设、创新廉政教育方是摆在高校党委面前亟待解决的现实问题。移动互联网的爆炸式发展，互联网平台已成为人们获取信息、传播信息的首要途径，微信、微博、今日头条、抖音等移动互联网 APP 已成为信息传播、转载的重要集散地。因此在互联网＋时代，党风廉政建设也要紧跟时代发展的步伐，将党风廉政教育方式方法与新媒体密切融合起来，让廉政教育课堂更年轻，更鲜活、更有吸引力。

一、新媒体环境下开展高校党风廉政教育的意义

党风廉政建设是党加强自身建设，保持党的先进性的重要支撑，是全面从严治党的必然要求。高校作为立德树人的治学圣地，必须要提高政治站位，把思想和行动统一到中央决策部署上来，深刻认识高校党风廉政建设的重要性，切实增强"四个意识"，高校纪委要强化监督执纪问责，扎实推进党风廉政建设和反腐败工作；要当好政治生态"护林员"，为高校高质量稳定发展营造风清气正的政治生态。十七届中央纪委第七次全体会议提出，"健全网上舆论引导机制，发挥互联网等新兴媒体在促进反腐倡廉建设中的积极作用"。党的自身建设需紧跟当今互联网技术飞速发展的机遇，党建的途径和平台，需积极借鉴和融入新媒体元素，尽快实现党建的信息化。对于高校而言，必须要顺应新形势、借助新媒体创新做好党风廉政建设。

（一）党风廉政教育与新媒体结合是高校反腐倡廉的现实需要

根据 2019 年 8 月 30 日中国互联网络信息中心（CNNIC）在京发布的第 44 次《中国互联网络发展状况统计报告》中指出：截至 2019 年 6 月，我国网民规模达 8.54 亿，互联

网普及率达 61.2%，我国手机网民规模达 8.47 亿，网民使用手机上网的比例达 99.1%。大学生作为高校思想最活跃的年轻主体，对新事物和新观念容易接受，受移动互联网新媒体的影响最为直接。根据调查，目前人们每天获取新闻媒介信息的第一途径已不是报纸、书刊、广播等传统媒介，而是微信、微博、头条、抖音等移动互联网 APP。因此廉政教育必须紧跟时代的发展，顺应时代科技发展的潮流，用互联网的思维和方式创新党风廉政的课堂，用创新方式阐述反腐倡廉弘扬清风正气。

（二）新媒体为高校党风廉政建设提供了课堂创新的机遇

传统的党风廉政教育，一般都是以党课或者支部活动为主题，传统廉政文化教育说教方式，缺乏吸引力、影响力和感染力，强行灌输的教育方式，效果达不到要求。在新媒体时代，要积极创新授课内容及授课方式，杜绝填鸭灌输，要以内容吸引听众，要以实力圈粉，争做互联网时代党风廉政建设的新"网红"。与新媒体的结合，给严肃刻板的党风廉政建设课题带来了活力，内容载体、教育方式上都多了很多新的选项。在内容上，微信、头条、抖音等 APP 的兴起，短视频、连载漫画、快闪等多种媒介，充实了廉政文化建设的载体和表现形式，结合国家当前的大政方针，塑造一些鲜活深刻的艺术形象，以较强的吸引力和文化感染力呈现在受众面前。在教育方式上，充分利用新媒体双向互动、及时、共享的多径网络传播优势，提升廉政文化育人和治理的实效性。高校在进行廉政文化建设的过程中，要充分走进大学生的生活方式和生活圈子，注意学生群体的心理及生理特点，充分了解、融入学生当中，从而调动其主动参与的积极性，引导其社会主义核心价值观的形成。

（三）新媒体给高校党风廉政建设带来新的挑战

新媒体在党风廉政教育中充当着一把双刃剑，在带来新途径和新方式的同时，也增加了应对的难度和挑战。首先是受众者获取信息的渠道来源呈现多元化，其次对消息和舆情的应对及时性提出了更高要求。在突发事件时，由于各种实际条件的制约，往往不能予以及时应对，形成正确的舆论导向，单向的传播方式，不能满足移动互联网时代双向互动的需求。

二、加强新媒体环境下高校党风廉政教育的措施

（一）思想上高度重视，行动上具体落实

高校党委领要高度重视，这直接关系到后期的教育活动贯彻落实效果。从领导层到教职工再到学生群体，形成层层落实的教育体系，创建和维护好高校廉政文化的教育平台，要积极传播正能量，准确无误地传递党的导向和声音。在平台维护中，要积极发挥新媒体的传播互动性，及时回馈引导正确的舆论。根据平台舆情的反馈，实施精准化教育，建立立体、多元的自适应反馈机制。平台可结合开展"校园廉洁文化活动周"活动，加强反腐倡廉宣传教育，在全校师生中大力弘扬崇尚廉洁良好品行，推进廉政文化作品创作与廉洁

知识传播，引领廉荣贪耻的校园氛围，全面推进学校廉洁文化建设。

（二）拓展廉政教育形式，拓宽和教育途径

高校对廉政文化教育的形式和途径，首先要借助新媒体，搭建宣传教育平台，积极借鉴类似于"学习强国"等成功平台的实践经验，并结合高校实际情况进行学习和推广。其次要建立掌上媒体的信息公开平台和舆论监督平台，在符合保密规定的情况下，纪委能公开的信息尽量公开，把以往的"敏感"信息拿到阳光下晒一晒，主动接受群众监督，拉近群众与纪检监察机构的距离，提高师生对纪检工作的关注度。在舆论平台上，充分利用新媒体的快捷性与互动性，及时回复并引导正确的舆情走向，针对突发事件第一时间准确高效的公布事件的真相，满足公众对事情真相的关切，从而避免舆论向不好的方向发酵。如"重庆保时捷女司机事件"和"北京劳斯莱斯女司机占用应急车道"事件，由于重庆警方和北京交警部门利用新媒体平台及时发布了事件的调查进展和具体情况，很快打消了广大网民对事件当事人的各种猜测，避免了舆论的恶性发酵，这是两个成功应用新媒体平台处理突发事件的典型案例。最后思政部门在高校的思政课程中，要充分利用新媒体平台，通过微信公众号、短视频、快闪视频活动等不拘一格的形式，开设党风廉政方面的教育专题，通过互联网思维，创新授课方式，与时俱进地将党和国家的最新方针政策传递给师生。

（三）丰富廉政文化教育内容，筑牢思想防线

廉政教育内容的选取上尽量以身边的实物案例为题材，通过案例分析的方式，达到理论教育的目的。新媒体在传播内容和载体上，较之以往的教育形式，表现形式更加丰富，不局限于文字图片，抖音快闪、短视频的传播更加迅速，在内容方面，不局限于课堂，可以通过一系列主题活动为载体展开，可以通过普法宣传教育、观影活动等多种方式进行。身边的案例往往更具有说服力和感染力，比传统的理论说教更加印象深刻，开展以"讲述身边事，感动身边人"的教育宣传活动，通过学校、院系、学生三委会三位一体的立体式活动参与模式，深入细致地挖掘"身边的感动"。另一方面，高校党委可以充分与当地公检法等单位进行合作交流，积极聘请公检法一线工作人员来校给广大师生进行案例授课，通过鲜活的法制案例，从反面给广大师生予以警示教育。根据实际条件及情况，高校可以协调监狱部门，不定期组织师生党员实地参观当地监狱服刑人员的生活、工作状况，由涉贪涉腐服刑人员讲述自己的心理改造历程。这种鲜活的案例往往更具有视觉冲击力和心灵的震撼力，更具有震慑教育作用，通过正反两方面的教育引导，夯实受教育者不敢腐和不想腐的心理防线。

（四）科学设置廉政学习要求，充分发挥日常教育作用

要求师生参加或者完成一定时长的廉洁教育学习。可以通过制作抖音 APP 短视频、微信公众号征文、演讲比赛或者实地调研等诸多形式实施，学生在完成学习在同时，提升对廉洁教育在认识。通过学科融合渗透，充分挖掘交叉学科的廉洁教育资源，提升高校思想品德教育课程在公信度。在课外读物方面，可以采购可读性较强的反腐纪实文学书籍，

引导师生在阅读的过程中接受熏陶。另外积极组织学生参加观影活动，不定期组织观看反腐倡廉内容的影视作品，树立广大师生敬廉崇洁的良好品质。此外，高校思政理论课教师要具备扎实的廉政知识理论基础，对国家的反腐工作、廉政文化，特别是党的十八大以来取得的各项成果，以及典型案例要有深入了解，同时要在思想上、行为上做出廉政的表率，为人师表，树立良好的廉洁形象，加强自身的道德修养，以德育人，做好榜样的力量作用。

总之，移动互联网时代，面对海量知识信息的环境下，加强廉政文化建设是高校反腐倡廉的一项长期的系统性工程。随着高等教育体制的改革，高校廉政文化建设必须要抓住机遇，充分利用好新媒体及时、共享的网络传播优势，顺应网络技术发展的潮流，构建新媒体网络阵地，弘扬廉政文化主旋律，要建设好、维护好廉政文化信息平台，准确把握教育对象的心理和思想特点，要以互联网的思维，推动高校廉政文化建设的创新发展，从而为提升我国的高等教育高质量又好又快发展保驾护航。

第五节　新媒体理念下大学生的影响及教育

鉴于新媒体对高校大学生思想的影响，高校思想政治教育应主动适应新媒体、新形势，搭建新媒体下思想政治教育平台；充分利用新媒体的正效应，传播大学生思想政治教育的核心价值理念；做到优势互补，整合传统媒体和新媒体两种形势下的思想政治教育；研究并驾驭新媒体的正效应，提升利用新媒体的技能，加强大学生的思想政治教育和新媒体素养教育，创新新媒体视角下大学生思想政治教育新途径。

新媒体是基于互联网、移动通信等新技术而面向大众提供新型信息传输的一种服务形态，如智能手机、电脑、数字电视、触摸媒体等。相对于报刊、广播等传统媒体，新媒体具有信息内容广泛、信息传输即时、信息获得便捷、信息来源多元等特征。新媒体与高校大学生的日常学习、交往、生活等息息相关。新媒体的迅猛发展对高校大学生思想政治教育也产生了深远影响，对当代大学生提出了更高的要求。作为高校思想政治教育工作者该如何利用新媒体的优势，充分发挥新媒体在教育管理中作用，构建符合高校学生教育的新模式具有重要意义。

一、基于新媒体高校大学生教育的优势

（一）新媒体改变大学生参与方式

新媒体相比传统媒体，增强了互动性、参与性和实效性。同时，新媒体也为高校大学生提供了更加快捷、方便地学习渠道。学生获取知识除依靠书本和教师的讲授外，还可以利用新媒体各种技术手段和工具获取。在教学过程中，学生已拥有的知识与教师所传授的新知识相互融合，能够激发学生的学习兴趣，使学生积极主动参与教学，进而达到教与学

相辅相成。在学习的过程中，学生可以通过微博、论坛等各种新媒体表达自己，与教师形成有利的互动机制，使学习变得更加方便和快捷。高校可以通过新媒体技术及时有效为学生提供教学服务，从而提升教育管理的有效性。

新媒体出现前，大学生的学习方式主要是课堂或纸质材料，而新媒体出现后，大学生可以随时随地在网上学习、获取知识。首先，在网上查阅学习资料方便；其次，学习主动权也传递到了学生手里。大学生可以根据自己的兴趣选择一些出色的学习软件，使其学习变得更生动和有趣。目前，高校利用一些 APP 创新课堂已经很普遍，学生可以用手机接收老师终端的课件、学习材料的推送。同时，通过客户端，还可以建立学习讨论小组，增强学生的参与性、学习兴趣；在课后，老师可以通过 APP 随时推送一些丰富的课外知识，加强与学生之间的沟通。这种方式打破了传统的教学和学习模式，让高校大学生的学习方式变得开放、多元和个性化。

（二）新媒体对高校大学生主体地位的塑造

教育管理的核心是以人为本。在高校，以人为本最直接的体现是充分尊重学生的主体地位，让他们既能表达合理诉求，也能促使其合理诉求得到有效的回复，及时进行解决，而对于不合理诉求也能在情绪得到疏导、疑惑得到解答后自动放弃。新媒体出现后，高校大学生的学习和工作效率也有所提高，学生可以直接通过新媒体平台向学校、老师和同学反映问题、表达诉求；相比传统媒体，人为干预和不敢直言等因素得到了很大的改善。同时，教育工作者可以及时浏览学生在网上反馈的信息，充分利用新媒体解决教育管理中存在的问题，更有效地为学生提供服务，从而实现教育管理向人性化和个性化的转化升级。

（三）新媒体对高校大学生群体力量的凝聚

新媒体的信息传播开放、及时、迅速，高校大学生不仅是信息的接受者，也是信息的传播者和制造者。社会主义核心价值观的文化引领和思想引导作用，使得大学生的思想也在逐渐改变着。通过主流文化的良性补充，高校大学生的群体正能量也得到了凝聚，唤醒了他们的体验共鸣，实现了文化认同。

新媒体出现后，大学生获取知识不仅在课上，还可以通过新媒体等网络平台。从专业知识学习来看，他们可在网上收集书本知识、学习资料等，还可以一起分享。从其他角度来看，他们还可以通过网络平台了解政治、体育、军事等不同文化信息。通过探讨信息，不断加深对社会的认知、对世界的认识。集体的学习和探讨使得他们获取知识的渠道和种类也越来越多，既可集思广益，还可增强知识储备，拓展视野，同时发掘自己的兴趣点，开发内在潜力，从而提高自身的综合素质，增强自我凝聚力。

在新媒体出现后，"95 后""00 后"大学生的想象力和创造力也获得了更多的认可。他们的创新点和闪光点发布到网络上，很易引起集体关注和共鸣，获得大众的认可和鼓励。所以，新媒体为个人的发展既提供了机会，也提供了更多发展空间，大众力量使得他们的个人思想产生了更强的力量感。

二、基于新媒体高校大学生教育的劣势

新媒体的信息传播方式具有很大的隐蔽性，也存在一定的强迫性。新媒体具有"不专注、不深度、不负责"三大弱点，这也是新媒体产生负效应的原因，因此，对新媒体的使用监管也提出了新要求。

（一）新媒体对高校大学生思想意识的负效应

我们身处在一个信息泛滥的社会，每天都有大量的信息通过新媒体轮番对我们的感官进行轰炸。高校大学生在铺天盖地的信息中难以取舍，一旦不能及时有效甄别，就会影响他们的思想意识，产生认知偏差，改变思维方式，其价值观易出现被"西化""淡化""俗化"的问题。

（二）新媒体对高校大学生价值观的冲击

高校大学生是比较特殊、相对弱势的群体，整体来说，他们缺乏社会经验，面对海量的网络信息，要选择正确的、有利的，有一定难度。由于这一群体好奇心强，没有自我监控能力，一旦接受了不良的信息，就会影响他们人生观、价值观和世界观。如果大学生长期接受这种负面信息，久而久之，他们比较容易迷失自我，滋生不良情绪，甚至会危害身心，对其学业产生影响，弱化社会责任，留下祸患。

（三）新媒体对高校大学生行为习惯的负效应

调查显示，高校里面几乎有一半的大学生每天除去吃饭、睡觉和上课的时间，几乎大部分时间都在上网。一个大学生如果过度使用手机、沉迷网络，人际关系的建立也会很脆弱。他们宁愿与网上的人物建立关系，也不愿意与老师、同学多多地进行交流和沟通。如果继续这种状态不仅交际能力会减弱，现实与虚拟的界限也会变得模糊，这既影响身心健康，严重的甚至会造成交际困难、心理扭曲等问题。

在进行花萼湿地公园的人文要素设计时，应该遵循以下几点原则：①着重发扬文化优势，将著名画家张大千在个人画作中所描绘出来的美好景象，有效地在花萼湿地公园景观中予以体现；②充分与 CBD 相互融合，打造出更多个更能够体现都市形象的活动项目，最终为当地市民建设出一个宜家、宜居的公共服务环境。

（四）新媒体对高校大学生未来发展的负效应

大学生越来越依赖新媒体提供的资源，最终会导致缺乏创造力。过于依赖网络，会使学生失去独立思考的能力，如果大学生的创造力被抹杀，国家的长远发展也会受到影响。

新媒体的出现导致出现了特有的"宅"文化以及"手机依赖症"，而这两种现象危害都极大。新媒体使我们跨越了实践这道坎，接受现成的知识，而这种知识的适应性差，对大学生的学习、生活没有积极的指导作用，还在很大程度上让他们产生依赖，缺少思考，抹杀创造力，这些对未来大学生的发展极其不利。

三、运用新媒体加强大学生思想教育的挑战

（一）实施教育管理针对性、目的性不强

"95后""00后"高校大学生的群体个性鲜明，加之网络知识的传播迅速，以及信息不对称性，他们的思想变得独立、多变和异化。他们视野开阔，接收信息的渠道更多元，心智发展超前，知识面和成熟度远远超出了教师的想象。学生想要什么和怎么想教师不一定完全不知道，也不理解，反过来，学生们却知道教师和社会想要什么，这导致实施教育管理针对性、目的性都不强。

（二）新媒体对思想教育工作者的现代化素质要求更高

高校大学生面对新媒体的冲击产生的变化，也有不适应，主要集中体现在运用技巧、理论知识、技能储备相对单一，利用新媒体的意识还不强等方面。因此，新媒体对高校学生教育工作者提出了更高要求，如善于掌握技术、丰富知识储备、主动适应新媒体、提高创新意识、加强自身素质等。

（三）新媒体对思想教育传播正能量的考验

既要看到新媒体的文化传播的正能量，也要发现网络化、虚拟化等引发的后果，如"低头族""游戏控"等影响了当代大学生思想的形成。作为思想教育工作者既要面对受教育者，还要面对新媒体下教育的新形势、新手段，因此，教育传播的正能量也经受着巨大的考验。

四、基于新媒体的大学生思想政治教育建议

（一）制定新媒体规范应用标准体系

就目前来看，我国还没有一部专门针对新媒体信息传播秩序的法律，新媒体行业的自律规则也相对薄弱，国家应从多方面规范新媒体应用体系建设。随着互联网技术的发展，传统道德对网络的虚拟性和隐藏性失去了应有的约束力。这就要求政府部门加大对信息发布的审查力度，持续有效地对网络信息进行监督和管理，以保证信息的真实和健康，同时通过新技术、新手段加强对新媒体的内部管理。

（二）发挥思想政治教育主阵地作用

作为高校思想政治教育工作者，应该在各种互联网技术中探索渗透思想教育的内容，特别要关注大学生点击率高的学习考试网、校园新闻网、学习强国APP等，学习如何在枯燥、抽象的思想教育中引入有教育意义的节目内容，使得思想政治教育变得生动、有趣、具体、实际，进而增强网络上思想教育的吸引力、渗透力，潜移默化地感染大学生，增强教育的时效性。

另外，.我们要结合高校开展思想教育的实际情况，建立协调统一、高效畅通、全方位

的校园新媒体体系，以掌握正确的校园舆情、舆论导向。通过校园新媒体体系及时了解学生的思想、学习、生活和工作状况，随时把握他们关注的热点和焦点问题，及时进行引导和教育，尽量将矛盾和冲突等消灭在萌芽状态，维护好校园的安全和稳定。在思想政治教育的基础上建设学生校园网，构建大学生获取知识、交流思想的平台，为大学生学习和生活提供优质、高效、全面的服务，使高校校园网真正成为受大学生关注的平台，融合教育，为大学生提供学习、生活、出国、就业、心理咨询等服务。同时，进一步建设好教育专题网站，内容贴近学生的实际和生活，紧紧围绕习近平新时代社会主义核心价值观、爱国主义理想信念等方面进行教育，为大学生的成长成才服务。

（三）提升大学生新媒体素养

当代大学生应该努力培养自我教育的能力，提高自身理论素养和新媒体素养。大学生应该学会在复杂的新媒体环境中，去伪存真，提升自己对信息的认知和理解，主动自觉地学会自我约束、自我教育、自我管理和自我服务。其中，自我约束、自我教育是基础，自我管理是保障，完成自我服务的目的。在大学生自我教育中，教育工作者可以利用新媒体的时效性和正效应，有效提高他们的认知和调控能力，完善他们的个性，丰富他们的精神世界和实践能力，促进他们健康成长，最终成为"四有"新人，为投身于社会主义现代化建设作准备。

第六节　新媒体理念下的高校传统文化教育

高校传统文化教育活动的有效开展对当代大学生思想意识的改善及文化认知体系的构建有着不可忽视的作用与地位。新媒体时代的到来使信息传递方式逐渐成熟，对高校传统文化的教学理念及教学方式产生了积极的影响。该文对高校传统文化教育价值取向、其中存在的问题进行分析总结，并提出有效教育策略，希望能够为同行研究者提供研究参考意见与建议。

传统文化是中华民族千百年来的智慧结晶，能够对大学生的三观产生积极的影响。当前，受多元化思想文化形态及西方教育的冲击与影响，大学生的道德意识较为薄弱，高校传统文化教育中存在诸多问题。为了解决其中存在的问题，对大学生进行思想意识的教育，高校应挖掘传统文化资源，更新教育理念，通过多样化教学方式将中华民族传统文化精髓渗透在当代大学的思想意识中。在这一理念的基础上，该文对新媒体背景下的高校传统文化教育方式进行探究，详情如下。

一、新媒体背景下高校传统文化教育的重要性

高校举办中华民族传统文化教育活动对学生群体灵魂的培养及中华民族传统文化的传

承和发扬及国家文化实力的提升有着至关重要的作用。在新媒体环境下，高校应对新媒体数字技术进行充分利用，以新媒体传播平台为依托使传统媒体的影响力得以提升，并不断创新出文化教育的传承发展之路。传统文化教育的发展需要在新媒体技术下运用信息技术平台将自身生命力和时代感体现出来，并且通过创建教学体系及慕课网站及文化图书馆数据库等方式有效开展中华民族传统文化教育，并对传统文化知识进行有效普及，从而不断树立当前学生群体对中华民族传统文化的认同和认知。

首先，新媒体环境下高校开展传统文化教育活动是当前教育改革的必然需求。高校开展传统文化教育能够为我国教育事业的发展打下坚实基础，使其与国际教育接轨，对我国教育事业的国际化发展有着促进的作用。我国传统文化的体系结构具有时代性与传承性的特点，正因这一特性对知识理念的变革与转化打下良好的基础。因此，高校应将传统文化教育元素引入日常教育过程中，从而实现我国高校教育事业的长远发展目标。

其次，新媒体环境下高校开展传统文化教育活动能够提升院校文化教育的整体水平，通过传统文化教育活动的开展对学生的学习现状进行监管，除此之外，还能够完善、丰富高校师生的文化水平，优化高校师生群体的思想文化认知，并为我国教育事业的发展夯实基础。

最后，新媒体环境下高校开展传统文化教育活动能够帮助院校师生构建积极人格观念认知体系，通过传统文化教育对学生进行进取精神、忧患意识的培养，还能够为高校教学质量的提升提供有利条件。

二、新媒体背景下高校传统文化教育价值取向

在当前社会发展背景下，社会环境逐渐改善，经济水平得以提升，教育思想观念形势呈现多元化。与此同时，西方国家的思想文化形态能够对我国高校学生的教育产生冲击性影响。在此背景下，高校思政教育的影响不断凸显出来，根据高校对当前学生教育工作过程中的综合性教学路径进行研究，选取科学合理的方式及针对性媒介对当前高校学生进行中华民族传统文化知识的教学，能够对当前我国高校学生群体构建积极的人生观、社会观、价值观念产生非常重要的影响。近年来，互联网技术及移动设备在社会上得以普及，并且应用在高校学生教学过程中。多样化新媒体技术及信息设备在高校学生教育过程中的应用能够丰富学生学习资源，扩展教学渠道。但是，与此同时为高校传统文化教学带来了冲击。面对这一问题，我国教育部门及相关学者应给予高度重视。

首先，在新媒体环境下，高校组织中华民族传统文化教学活动能够满足当前我国高校教育改革及发展的必然需求。高校开展传统文化实践活动，为当前我国高等教育事业的全面发展提供了便利性条件。与此同时，我国高校教育事业及全球高等院校教育事业的进步能够对当前我国高校教育的国际化发展产生促进作用。中华民族传统文化所具备时代性及传承性的特点，能够为我国传统文化知识的传承及发扬提供保障。与此同时，理念要素能

够随着社会环境的改变及时代的变革发生转变。因此，高校在举办传统文化教学活动过程中应将中华民族传统文化元素进行合理应用，从而为我国高校教育事业的发展提供大力支持。

其次，在新媒体环境下，高校组织中华民族传统文化实践活动，能够有效提升改善当前高校文化活动创建水平。在当前高校学生群体举办传统文化知识教学的监督管理下，能够使高校文化建设基础得以强化，并不断丰富高校教师及学生传统文化理念，从而对当前我国现代高校培养学生群体的文化思想及综合素养起到促进作用，并为我国高校教育事业的长远发展提供有利条件。

最后，在新媒体背景下，高校开展中华民族传统文化实践活动能够对高校学生群体形成正确的价值观体系及人格观念提供助力。在高校大力培养学生群体忧患意识及仁爱思想的过程中，对其进行精神教育引导，能够有效改善并提升学生群体的思想认知及传统文化观念。高校在对学生群体进行传统文化教育时，在其教学监督管理下，能够使学生群体的综合能力及个人智慧得以提升，为高校的发展提供助力支持。

三、高校传统文化教育中存在的问题

传统文化是中华民族的血脉，是中华人民的精神寄托。中华民族传统文化凭借着独特的神韵与智慧成了凝聚力的源泉，为中华儿女的发展提供了动力。但是，随着我国经济体系的变革及外来文化的流入，不同种类思想频繁交融，在此环境中，需要我们对树立中华民族传统文化的正确认知并树立其文化自信心。新媒体背景下，中华民族传统文化受到了多方面的冲击，存在着滞后断裂及现实的问题。

（一）当前社会的多元化与传统民族文化的主导性存在冲突

当前，社会环境复杂、多变，多元化文化价值正是当前时代的主要特征。传统文化与现代理念的冲击，中西文化的碰撞使当代大学生在价值选择时存在诸多矛盾与困惑。此外，大学生的主体意识在不断强化，新媒体设备的普及为其提供了了解事件的平台，与此同时，先辈的传统观念与现代价值理念产生冲击，单一的传统理念不再是唯一选择，这一现状不光制约了中华民族传统文化的延续，还导致其出现流失断裂的情况。

（二）当前社会的开放性与传统民族文化的保守性存在冲突

传统民族文化具有保守性与封闭性，无法吸收现代社会发展思想，突破原有局限，在与现代文化竞争过程中处劣势地位，失去了主导性质，并逐步沦为落后的时代文化形态，游离于社会发展的核心主流。随着西方文化在我国的流入，民族传统文化被当代青少年所忽视，部分青少年不懂得温良恭俭让与仁义礼智信的意义，不重视亲情伦理观念，过于青睐万圣节、圣诞节或者情人节，民族传统的中秋节、重阳节、端午节渐行渐远。中华民族传统文化的延续与传承受到了外来文化与现代文化的多方面挑战。

（三）新媒体时期技术手段与传统文化的教育理念存在冲突

中华民族传统文化有着鲜明的特点，被世代传承，源远流长，其内容主要包括文学艺术、哲学宗教、经济政治等多方面内容，为民族的发展提供了强大的凝聚力，产生了深远的影响。但受某些落实渊源的影响，部门传统文化的延续依旧停留在文字传播这一阶段，没有完全适应新媒体时代全新的传播方式。尤其是在网络时代成长起来的大学生对新媒体设备十分熟悉，平板电脑、手机、电脑等网络设备在生活中无处不在。例如，大学生可以通过这些设备进行网上阅读，从而致使以书籍、报纸等纸质媒体为载体的传统文化被忽视，这一现状导致部分传统文化的传播处于艰难处境。如果高校传统文化无法进行创新，无法满足当前大学生学习需求，学习内容枯燥、乏味、无趣，那么，中华民族传统文化的传承将会遭遇瓶颈。

四、新媒体背景下高校传统文化教育方式的创新

高校开展中华民族传统文化教育，对当代大学生灵魂的滋养、民族文化的延续及国家文化实力的提升都有着十分重要的作用。当前为新媒体时代，在此背景下，高校应结合新媒体技术，以网络平台为依托，不断对传统文化的传承之路进行创新，使新媒体的影响力及传统文化教育质量得以提升。传统文化教育活动的开展应以新媒体技术为依托，在对网络平台及信息技术的运用过程中将自身的时代感得以凸显。想要使传统文化教育质量得体提升，高校可通过创建慕课网站、构建教学体系、创建图书数据库、依托传统文化传播平台的方式展开教育，从而提升大学生的传统文化认同感与民族认知度。

（一）创建慕课网站

慕课网站指的是开放的、大规模的教育平台，是高校传统文化教育活动开展的有效途径。慕课教育方式的出现可以说是教育发展中的里程碑。慕课能够为学生提供高质量学习资源，提供开放的、大规模的学习平台。此外，慕课还是互联网技术的结晶，能够体现学生的主体学习的地位，创建人与技术之间的和谐性。慕课将学习理念与网络教学平台相结合，提出学生在学习过程中的地位。通常情况下，慕课平台包括备课、制作课件、在线讨论、内容解析、作业布置、学习笔记、教学结果检测与评估等不同种类教学服务。慕课平台几乎涵盖了传统文化教育过程中涉及的所有环节。高校传统文化教育相关教师可以通过慕课网站展开对学生的教学，并将与传统文化知识相关的能够激发学生学习兴趣的知识串联起来，通过这一方式加强与学生之间互动，创建良好的师生关系，弥补传统教学方式中存在的不足。

（二）构建传统文化教学体系

新媒体时代下，高校传统文化教育活动的开展应以网络媒介为依托，创建网络教学渠道。首先，高校传统文化教育相关教师可以在院校网站上构建以传统文化知识为核心的教

育体系，通过新媒体技术对其进行传播；此外，还可以发挥校学生会、社团、党组织的优势，开展不同形式、不同性质的传统文化教育活动，并鼓励学生积极参与，为其提供良好的学习氛围；其次，教师应提升自身对新媒体设备的使用熟练度，并通过网络技术对传统文化知识进行整理，帮助学生树立传统文化认知，提升其理解能力与鉴赏能力，为传统文化知识的学习打下良好基础。

（三）创建传统文化图书数据库

想要提升传统文化教育质量，高校就应提升其重视程度，为学生营造良好的学习环境，激发学生传统文化图书阅读兴趣，鼓励学生阅读文化经典。为了给学生图书阅读带来便利性，高校可创建与传统文化相关的图书数据库，将诗词歌赋等典籍汇集在数据库中，从而为学生提供免费阅读的平台。此外，教师应积极引导学生接触经典文学作品，阅读诗词歌赋，使其在阅读过程中体会到中华民族传统文化的深刻内涵。与此同时，教师还可以将与传统文化的研究成果收入其中，其中可以包括学术著作、汉学研究成果，从而开阔学生文学视野。为了提升阅读服务质量，院校可在图书数据库中开设信息反馈渠道，从而及时接受反馈意见，满足学生阅读需求。

构建传统文化传播平台为了激发人们文学兴趣，近年来，电视上出现了"中国诗词大会""中国成语大会""中国汉字听写大会"等电视节目，且这些节目获取了超高的收视率，赢得了观众的喜爱。高校可通过播放传统文化节目的方式激发学生学习兴趣，使其在潜移默化中受传统文化的熏陶。此外，院校可以通过社交软件创建传统文化交流平台，为学生推送传统文化知识。例如，教师可通过创建微信群、QQ群、公众号等，通过定期发布与传统文化相关资讯的方式对学生进行教育，学生在阅读资讯后还可以进行转发，这一传播方式能够产生无法估量的影响。

中华民族传统文化是具有民族性的瑰宝，对中国人的思想、行为有着深远的影响，对当代大学生思想意识的养成更是有积极的作用。新媒体时代的到来使高校传统文化的教育面临着全新的机遇与挑战。中国传统文化受外来因素与西方因素的影响，被人们忽视。此外，中国传统文化的主导型与保守型与当前时代的开放性与多元性存在冲突，传统文化教育理念也与新时期教育手段存在差异，想要打破传统文化教育的僵局，高校应将传统文化教育与互联网进行有效结合，在此基础上对学生进行引导。新媒体背景下，想要提升教育实效，就应充分挖掘教育资源与教育途径，打造高质量传统文化教育平台，才能够使中华民族传统文化得以延续。

第七节　新媒体理念下高校民族团结进步教育

新时代大学生对中华民族共同体、民族关系的认知度很高、认同感很强，当前高校民族团结进步教育工作效果较好，也存在一些问题。目前高校民族团结进步教育面临着开展工作不足、机制不健全、信息化手段匮乏等典型问题。高校应该以制度建设为保障，以党团组织为堡垒，以思政课堂为引领，以校园文化为支撑，以新媒体为平台，以精准帮扶为突破，加强理论研究和队伍建设，依托党的统战工作优势，构建新时代大学生民族团结进步教育工作长效体制机制。

习近平总书记指出："青年一代有理想、有本领、有担当，国家就有前途，民族就有希望。""青年的价值取向决定了未来整个社会的价值取向。"青年的理想信念、综合素质、价值取向是国家发展进步的关键。香港暴力事件背后体现出民族精神教育的缺失，而抗击新型冠状病毒感染肺炎疫情则彰显了在灾难面前全国各族人民同心同力抗击疫情的民族团结精神。高校作为民族团结进步教育的重要阵地，承担着培养中国特色社会主义事业接班人的重要使命，有责任进一步加强大学生民族团结进步教育，坚定理想信念，牢固树立中华民族共同体意识，推进新时代校园各民族学生建立互助互爱同学关系。

一、大学生对中华民族共同体的认知和高校民族团结进步教育工作现状

笔者采用网络问卷的形式，以分层抽样和随机抽样相结合，选取不同学科类别的本科生和研究生为调查样本，共回收有效问卷 1106 份。

（一）大学生对中华民族共同体的认知

在参与调查的学生中，绝大多数学生对中华民族共同体持认同的态度（99.6%），认为应该全方位提倡中华民族共同体（99.77%）。92.91% 的学生对"和"概念的把握比较准确，仅有 7.01% 的学生对"和"理解有偏差，极少数学生不知道的"和"的含义。绝大多数学生对中华民族的认知到位，但也有 3.44% 的学生对中华民族的认识存在偏差；对中华民族共同体的理解上，有 11.13% 的学生存在偏差，不能准确把握"一荣俱荣，一损俱损"的共同体内涵。

（二）大学生对民族关系的认知

绝大多数学生认为当前我国的民族关系较好，表示对本民族以外的民族学生都能一视同仁。96.78% 的学生对我国的民族团结持积极态度，认为民族团结对国家发展影响大，有责任维护民族团结。大多数学生对其他民族有所了解，表示可以接受其他民族的生活习惯，认为各民族相互尊重是最重要的因素。

（三）高校民族团结进步教育工作现状

在高校教育教学层面来看，部分驻青岛高校的校组织部、统战部、宣传部、学生处、校团委、研究生院、国际交流处、保卫处、二级学院等职能部门负责开展民族团结进步教育工作，主要依据是《宪法》《高等教育法》《城市民族工作条例》《宗教管理条例》《民族

区域自治法》等法律法规，措施主要集中在对党和国家政策的宣传学习、召开各民族学生座谈会、组织少数民族学生交流和民族宗教知识培训等方面。高校重在抓党委主体责任落实、具体工作开展情况和工作成效、保障支持和全校统筹等方面，并将民族团结进步教育纳入党委重要议事日程、学校宣传工作计划、校院两级党课学习、思政课教学等方面。同时，在团结进步教育内容和教育途径上，主要从历史认同、文化认同、国家认同、道路认同四个维度加强民族团结进步教育的正面引导，从大学课堂、活动、实践、生活等环节关心关爱各民族学生成长成材，营造和谐氛围，形成各民族大学生和谐相处、共同发展的校园文化。

从学生层面来看，18.8%的学生认为没有必要开展民族团结进步教育；在已开展的活动中，21%的学生表示自己从不参加相关活动，23%的学生表示经常参加；41.5%的学生希望通过专题讲座了解民族政策，30%的学生希望通过思政课学习民族知识，29%的学生表示可以设立专门的民族理论政策课程；在已开设的思政课上，33%的学生表示没有听老师讲过关于党的民族政策方面的知识，45%学生表示老师偶尔提及相关知识。这些情况需要引起教育者的关注。

二、目前高校民族团结进步教育面临的问题

（一）重视程度参差不齐

近年来，随着高等院校扩招以及国家出台一系列优惠政策，越来越多的少数民族学生选择非民族高校就读，高校多民族团结进步教育工作愈加重要。习近平总书记在2014年中央民族工作会议上指出："要加强各民族交往交流交融，强调要推动建立相互嵌入式的社会结构和社区环境。"高校对学生民族团结进步教育工作的重视程度参差不齐，多数高校非常重视民族团结进步工作的开展，并将民族团结进步教育作为思想政治教育的重要内容，严格按照党和国家的要求，深入开展民族团结进步教育工作并取得良好成效。部分非民族高校因为少数民族学生总量不高，没有意识到开展多民族团结进步教育工作的重要性，虽然在少数民族学生的教育管理方面多有政策，但在多民族学生团结进步教育方面主动作为不足。

（二）教育规划性不强

很多普通高校仅把多民族团结进步教育工作作为统战工作的一部分，在学生教育管理方面较少涉及，在专门的民族团结进步教育方面形式单一、针对性不强，往往作为其他工作的一个方面来完成。按照民族团结进步教育的特点和要求，高校多民族团结进步教育工作要进行短期中期长期规划，成为一种常态化的工作。但目前来看，高校民族团结进步教育规划性不强。从短期来看，高校学生在生活上相互融入，但是融入深度有限；从中期来看，高校民族团结意识培育、民族政策宣讲等教育活动多流于形式，实际宣传作用较弱。从长期来看，习近平总书记提出的"铸牢中华民族共同体意识，推进高校多民族融合"精神在

高校的长效落实机制尚未形成。

（三）教育形式单一

目前，非民族类高校将民族团结进步教育融入思政理论课，以必修课、选修课形式要求学生学习，部分实现了教育的常态化，但未形成全方位的民族团结进步教育合力。在实际教学中，"进教材、进课程"容易，"进头脑"比较困难；高校开设的思政理论课虽然内容丰富，但缺少民族教育专业教师，很多教育者自身缺乏民族学方面专业素养，对各个民族的了解不全面，在教学过程中多采取灌输式教育，仅停留在理论层面，育人成效大打折扣，教学效果并不显著。

（四）工作载体薄弱

高校专门从事学生民族团结进步教育工作的职能部门不断创新工作载体和平台，但是这些平台和载体在现实中的受关注程度并不理想，绝大多数学生的主动性不强。对学生的教育引导活动主要通过课堂教学、第二课堂等传统教育方法，以思政课教师、辅导员、班主任为主要工作力量，工作载体薄弱，信息化手段匮乏，工作方式方法不能与时俱进。

另外，关于这一方面的理论研究不够深入。高校目前在立德树人的育人工作上、中华民族共同体意识的培育上有待加强，相关理论研究成果不多，研究力量不足，理论研究深度有待提高。

三、新时代大学生民族团结进步教育工作路径

面对西方消极文化输入、意识形态冲击等多方面挑战，高校要紧跟时代潮流，总结提炼前人经验，理清工作思路，完善大学生民族团结进步教育的体制机制。

（一）以制度建设为保障，推动民族团结进步教育工作机制的规范化

2015 年，中共中央办公厅、国务院办公厅印发的《关于进一步加强和改进新形势下高校宣传思想工作的意见》中明确指出要"高度重视和加强民族团结教育，坚决抵御敌对势力渗透。"高校加强民族团结进步教育工作，要建立完善的民族团结进步教育长效管理机制。一是成立专门的民族团结进步教育工作机构，校党委统筹建立统战部、宣传部、组织部、学工部、团委、教务处、保卫处等多部门联动的高校民族团结进步教育工作体系，确保高校意识形态工作、防范宗教渗透工作、民族团结进步教育工作、多民族融合工作稳步开展，推动民族团结工作机制协调规范。二是构建全体师生共同参与、团结互助的全员育人体系，将民族团结进步教育任务落实到高校每名教职工，并纳入思政教师评价指标体系，在教学、管理、服务等方面全方位落实民族团结进步教育，为促进高校多民族融合提供制度保障。

（二）以党团组织为堡垒，发挥民族团结进步教育的辐射力

将民族团结进步教育贯穿到学生班级、党支部、团支部、学生会、社团组织的日常教

育管理全过程。一是发挥党支部的战斗堡垒作用。高校学生党员、预备党员、入党积极分子都是学生中政治觉悟高、奉献精神高、素质能力强的群体。培养少数民族党员和学生干部，便于向本民族的非党员学生宣传党和国家的民族理论政策，起示范引领作用，使各民族在校学生更易于接受多民族融合和民族团结进步教育，促进多民族学生深入学习交流，铸牢中华民族共同体意识。二是发挥共青团的思想引领作用。通过"第二课堂"开展讲座、报告会、主题团日活动将大学生的思想和行动统一到对中华民族共同体的共识上来，推进高校大学生民族团结进步教育工作。三是发挥学生组织的团结互助作用。高校的学生社团在学生中有较大影响力，在开展活动的过程中，注重融入民族团结主题，营造兼容并蓄的氛围，对于民族团结进步教育工作的开展具有促进作用。

（三）以思政课堂为引领，优化民族团结进步教育全方位课程体系

思政课作为高校思想政治教育的主渠道，对于提升学生民族团结进步意识有着至关重要的作用。一是明确以铸牢中华民族共同体意识为主线的教学体系，将促进民族团结进步教育的相关内容有机嵌入到《形势与政策》《毛泽东思想和中国特色社会主义理论体系概论》《中国近现代史纲要》等思想政治理论课中，讲好中国历史、讲好中国故事，联合多民族融合发展的社会实践调研促进多民族融合和民族团结进步教育"进教材"。二是开设专门的民族教育课程，帮助大学生多途径牢固树立马克思主义的祖国观、民族观、宗教观，帮助学生了解民族文化、民族政策等，提升高校大学生民族团结的意识和认知。三是邀请校外专家走进课堂，讲述马克思主义民族理论、党的民族政策和民族地区政治、经济、文化、生态发展情况，让学生更直观地了解各民族的发展现状，更深入地了解国家对各民族的支持与关怀。

（四）以思政育人为抓手，夯实民族团结进步教育实践基石

一是积极发挥辅导员在学生教育管理的积极作用，引导学生相互包容、融合，化有别为大同，提升中华民族共同体的认知认同，自觉与祖国同行，与人民同向。二是设置专门的少数民族辅导员，定期与少数民族学生谈心谈话，了解学生思想动态，开展有针对性的思想教育和政治引领，深入开展"三个离不开""五个认同"教育，逐步强化中华民族共同体意识。三是对少数民族学生采取优先提供勤工助学、爱心捐助、减免学费、助学贷款及各类奖助，在工作机会、就业指导、就业推荐等方面提供更多的帮助，关心关爱少数民族学生发展成长，传播民族团结和谐共荣的种子。

（五）以校园文化为支撑，加强民族团结进步教育的吸引力

校园文化是加强高校民族团结进步教育的重要载体，良好的校园文化对大学生的人生观和价值观的形成和发展具有重要影响。高校要结合自身特色，积极拓展校园文化建设新思路、新载体、新形式，有效促进各民族大学生之间的交往交流。一是利用中华传统重大节日等关键时间节点，举办民族团结进步教育活动，提高同宗同源的思想觉悟，营造民族团结浓厚氛围。二是传承中华民族优秀传统文化，用艺术手段塑造校园民族团结文化精品，

将民族团结进步教育和爱国主义教育融入各类艺术活动，促进民族团结和民族融合。三是利用班团一体化建设，举办"民族团结宣传教育月"等班团主题教育活动，增进各民族学生交流融合，充分展示多民族大学生风采，在各民族文化交流过程中实现相通相融、互补共生。

（六）以新媒体为平台，创新民族团结进步教育的体系建设

在信息无处不在的全媒体时代，依靠新媒体网络阵地引领大学生意识形态的发展，引领学生的中华民族认同，筑牢中华民族共同体意识，是高校有效推进多民族大学生融合工作的必然选择。一是建设校园网络媒体宣传平台，重点建设高校官方"两微一端"、易班等校园主要媒体宣传平台，宣传马克思主义、中国特色社会主义理论体系和党的路线、方针、政策，实时开展民族团结进步教育，进一步提高大学生的思想觉悟和理论水平。二是构建自媒体教育互动平台，利用校园论坛、辅导员博客、QQ群、微信群、青年之声等，开展民族团结进步教育理论的网上宣传，及时了解学生对时政热点的看法，正面教育引导，使民族团结进步教育更有吸引力、感染力和穿透力。

（七）以精准帮扶为突破，提升民族团结进步教育的精准性

构建长效教育管理机制，以"精准帮扶"为突破点，针对学生需求、特点给予有效引导，分类施策，促进多民族师生员工团结和睦、和谐发展。一是加强高校学生服务体系建设。利用"互联网+"大数据，对各民族学生信息进行全面识别和精准掌握，尤其是了解多民族学生的思想动态和实际情况，提高帮扶的针对性、科学性和实效性，努力营造民族平等、公平发展的校园环境，提升少数民族学生竞争力。二是建立立体多维帮扶机制。建立和拓展领导干部联系班级、班主任联系学生、党员联系学生、高年级学生联系低年级学生等多种形式的立体多维帮扶机制，对帮扶对象在学业上指导、生活上引导、心理上疏导，健全全员、全程、全方位的育人机制。三是科学把握"精准帮扶"的力度和深度。从"建立联系"到"相互信任"，根据多民族学生的不同特点多维度创新帮扶办法，多渠道拓宽帮扶路径，解决学生的实际困难，树立"一方有难、八方支援"的团结精神和迎难而上的必胜信念，让民族团结进步教育真正接地气、见实效。

（八）强化理论研究和队伍建设，提升工作的深度和广度

高校学生民族团结进步教育工作的有效开展，离不开理论水平高、政治素养高、管理能力强的教育实践者队伍。一是发挥高校科研优势，加强多民族团结进步教育工作的理论研究。深入研究习近平总书记关于中华民族共同体的重要论述，发挥高校在学术研究方面的优势，开展从法理到学理、再到实践闭环研究，形成高质量的研究成果，指导民族团结进步教育工作。二是培养建立一支高素质、高水平、政治过硬的民族团结进步教育者队伍。加强对教育工作者的培训学习，增强依法依规开展多民族大学教育管理工作的能力，使他们善于团结汉族与少数民族大学生，善于同不同民族大学生进行交流沟通，提升高校多民族大学生团结融合工作的艺术和水平。

（九）依托党的统一战线工作优势，形成民族团结进步教育的最大合力

高校广大师生员工包含了多个民族，党外知识分子众多，统一战线工作在高校凝心聚力方面发挥着不可替代的重要作用。高校应坚决执行党委带头、统战部门协调、各职能部门单位联动机制，发挥中华文化"以文化人"的重要作用，发扬爱国统一战线的传统优势，担负起学生民族团结进步教育引导工作的职责使命，形成多民族融合教育的最大合力。

青年学生的民族团结进步教育引导工作事关国家未来的发展，高校作为培育各民族人才的主要场所，是开展民族团结进步教育的重要阵地。只有铸牢中华民族共同体意识，推进广大学生同心共筑中国梦，缔造和谐奋进、同舟共济的命运共同体，才能真正推动高校民族团结进步教育工作取得实效。

第四章 新媒体理念下的高校教育教学管理的理论研究

第一节 新媒体对高校教育教学管理带来的冲击

随着我国新课程教学改革的深入，新媒体的不断普及，越来越多的高校教育开始重视新课程教学改革的理念和发展思路。高校教育管理工作中对于新课程教学改革的研究也在不断深入。在这样的教学发展环境和背景下，新媒体的发展速度和实践检验成果就有了一定的成绩，新媒体的教学管理形式以及其教学模式固有的优点都在一定程度上利于其传播，这也就变相增强了高效教学管理发展的效率。

新媒体的发展和应用对高校教育教学而言是一个全新的机遇。作为信息化时代下的产物，新媒体凭借开放性、即时性和互动性等特征迅速实现了普及，在极大地提升信息传播效率的同时也丰富了信息资源的内容，并提升了质量，使得各行各业的人都能从新媒体中获取对自己有价值的信息。在高校教育教学管理工作中，新媒体为其提供了海量的数据资料，同时也拓宽了教育教学管理的渠道，使之更加人性化和多样化。新媒体主要以平台的形式出现，这是一种由光、电、声音相互结合而产生的适合不同时间空间人们相互交流的虚拟场所，尤其适用于高校灵活多变的教育风格。新媒体通过创造出一种大学生乐于接受的教育氛围和情境，成功地在教师和学生之间架起了相互信任的桥梁，符合大学校园自由平等的理念，也便于教育管理者进行价值观输出和思想熏陶。正是因为以上种种原因，新媒体教学模式才得以在高校中生根落地，且目前已经发展到了新的阶段。

新媒体教学模式从我国目前的高效教学应用和发展来看，其固有特点和优势在于通过新媒体本身可以建立良好的公众平等交流平台。在这个平台上，学生与教师、教师与教师以及学生与学生之间都可以进行良好有效的交互式沟通，不仅可以表达自己对于不同事物和不同教学内容的理解，还能接受到不同的教学信息和别人的认知理解。在这个开放的半社交平台上，新媒体教学模式由于其固有的开放性也很难实现信息的批量处理，这也就在一定程度上放宽了平台信息的来源和检验能力，就我国目前的新媒体教学模式发展实践来看，其中不正常的伪教学信息和诱导性虚假信息也时常会出现，从这些情况中可以发现，这样的平台管理还是不够完善的。

在其优劣同处于一个条件下可以发现新媒体教学模式的其他优势，比如信息流通的速度要远远优于传统的教学模式，而且通过新媒体教学模式进行的信息传播往往可以实现新闻的时效性，从根本上提高了高效教学管理的基础价值。相较于传统的教学模式来说，新媒体教学模式的多元化内容是非常有价值的，越来越多的新媒体平台开始出现在高效校园中，这样不仅变相增强了学生的学习资源丰富程度，还能在一定情况下实现平台之间的优胜劣汰，让高效教学管理从根本上进行完善和改革。

一、新媒体对高校教育教学管理带来的冲击

在我国当前的新媒体平台中，比较突出的有微信、微博等，高校学生从自身的使用情况就可以看出这两个新媒体平台的普及程度。学生之间每天都会通过新媒体进行互动和信息交流，不断在平台中树立自己的形象，与他人沟通增加影响力。这些新媒体平台所蕴含的信息交流价值是巨大的。

在教学内容管理上，新媒体教学模式更是从根本上改变了传统教学模式的弊端，让教师在高校阶段的教学课堂中不再局限于传统的教学思路，在平台化的教学模式和教学发展中，教师有了更加多元化的教学手段和教学思路。从教师本身来说，新媒体教学模式不仅可以帮助自身完善教学素养，提升自己的教学水平，还能在最大程度上帮助教师实现与学校教学教育发展的关联性。教师在不断实践探索的过程中挖掘自身的教学为题，通过新媒体教学模式帮助整个科目教学建立良好的教学体系，而且新媒体教学模式的公开性质使得教师不会因为传播途径受到负面影响，对于教师自身的教学水平和教学规划也产生了一定的推动力。

新媒体教学模式本身具有的平台价值对于高校教学建设发展来说是具有非常大冲击的，除了上文所提及的部分优势和发展方向外，新媒体教学模式还在一定程度上为高校教学建设管理带来了负面影响，新媒体教学模式简单来说就是平台化教学的推广，在高校教师实践高校教育教学的过程中，平台的推广会伴随着一些教学之外的内容进入到学生视野中，这些信息对于学生的影响不能保证都是正面的，学生接触到的不利因素越多，对学生的影响就越大，比如近几年影响特别恶劣的校园贷款等。

在师生关系上，由于新媒体技术能够扩大学生与外部世界的广泛联系，学生可以利用网络等各种现代通信技术与其他学生、老师甚至学科专家交流。如此一来，师生之间关系日趋平等，传统教师所固有的权威感逐渐丧失，只要教师授课稍不注意就可能受到学生的抵制或抛弃。

作为高校教育管理的重要组成部分，对大学生的思想道德教育这一部分的工作内容主要体现在树立大学生的社会主义信念和价值观上。目前我国高等教育的思想道德教育的要求是让社会主义核心价值体系成为青年思想行动的根本价值取向和行为准则。但在新媒体

时代，网络社会输出的不仅有各种信息，还有各种思想、观点和价值观念。显然，新媒体时代的一大特征是信息传播的极度自由化。由于其极度自由化的特点，如果社会管理者无法对其进行有效的监控，就会导致诸如宣传暴力、迷信、赌博和色情信息的大肆传播；更有甚者，极端宗教主义、分裂分子也可以肆无忌惮地大行其道。

在生活习惯上，新媒体改变了现实大学生活中的许多模式、程序与规则。以网络为代表的新媒体的虚拟性是一把双刃剑，既可以带给大家一个自由、平等的环境，但缺乏真实情景中的情感流露和人格感染，会对人际交往产生较大的影响。而且新媒体教学模式的开放性使得很多不良企业和不良商家发觉其中的商机，在煽动学生消费的同时还要利用学生周围的社交关系，引导学生产生变相的心理偏激。而且很多高校阶段的学生在学习过程中喜欢用新媒体来宣泄自身的不满情绪，这些言论如果没有及时地把控和更正，就会对整个高校建设产生巨大的不利影响，带来严重的教育教学发展后果。

二、高校教育教学管理应对新媒体冲击的对策

（一）重新审视新媒体教学模式的应用现状

在新媒体教学模式的实践发展过程中，高校教育教学应该伴随着新媒体的渗透而不断前进，在日常的教学环境和教育建设中搭建更多有效的、多元化的教学新媒体，通过这些新媒体来增强学生对学校建设的关注程度，提高学生对学校教育建设安排的认知程度。高校在自己建设新媒体平台的过程中不仅可以提升学生的学习兴趣，还能从根本上改善上文所提及的新媒体利用中的弱点。

高校建设的新媒体教学平台从本质上来说，首先是具有新媒体教学平台的优点，传播速度快、信息包含广、平台公平公开性良好等。学生与教师在这样的新媒体平台中所能展现的自身价值就更加明显。学生可以在高校学习的过程中将自己对学习的理解和习惯的养成发布到新媒体中帮助其他同学，教师可以在新媒体平台中展现自己多元化的教学方案和教学内容来帮助学生和其他教师。这样不仅可以有效地实现教育管理工作的全面提升，还能让新媒体从根本上实现教育教学的利用基础价值。

就我国当前的新媒体教学建设来看，还有很多的不足之处需要广大教师和工作人员进行改善。首先需要提及的就是新媒体教学平台构建过程中平台的特性不足，微信微博等新媒体所能利用的价值是非常简单明显的，而教育教学在发展新媒体技术的过程中所需要考虑的不仅仅是社交环节，更加需要关注的是教育教学内容的深入落实。这样就使得高校建设的新媒体平台不能很好地满足学生的兴趣需求。

教师在利用新媒体教学平台的过程中往往很难实现其他平台固有的特殊属性价值，学生在高校新媒体教学平台中的使用频率和使用黏性很低，而且其他新媒体平台的舆论引导和多元化信息对学生诱导能力是非常强的，就当前的高校新媒体建设来看，还需要不断在新媒体平台建设中树立良好的价值观，让学生可以正确解决不同的学习问题和生活问题。

与此同时，教师应尊重学生的学习主体地位和个性发展，实现教育观念的转变。这是因为新媒体环境下的现代人才标准已经逐渐体现为对学生素质的综合性、全面性的推崇，并延伸为注重学生的创新精神、实践能力与协作能力，注重学生的心理素质和竞争品质。将以人为本的观念贯彻在高校教育管理的日常工作中就是在高校内进行人性化管理，最主要的是要让教育管理融入学生生活的每一个方面。这就要求学校的管理层要关心学生的内在需求，通过合适的引导与教育来提升这些需求，将这些需求引向一个更高的层次。

在新媒体环境下，高校也应对传统教育管理的内容有所扬弃。在新媒体盛行的今天，我国大学生的教育管理内容不应单单局限于传统意义上的教育内容，我们必须拓展教育管理内容的广度，赋予大学生教育管理更多、更丰富的内涵，将时代发展和大学生的全面发展诉求与大学生教育管理相结合，建立针对性和实效性强的开放创新的大学生教育管理内容体系。为此，我认为一定要从优化大学生教育管理的内容结构入手，全面提升当今教育管理内容的时代适应性，在提高教育管理者对新媒体时代和新媒体技术的认识的基础上，还要加强虚拟环境中的精神文明建设，引导大学生认识网络世界的本质，网络其实存在很多虚拟性和不真实性，培养他们在翱翔于多彩斑斓的网络世界时自觉控制好自己的言行，避免沉迷于虚拟的网络世界而无法自拔的情况发生。

保留和继承传统教育管理中有积极意义的东西，并把它发展到新的阶段也是我们开展变革的非常重要的任务。对此，我们应该把握住传统教育管理中的教师形象的实质，即便是在新媒体的环境下，教师仍然要坚持自己作为一名道德模范的职责，作为教育主体，是德育教育过程的组织者，应起主导作用。教师的一言一行直接影响学生，是学生模仿的对象。教师自身的表率，教师的思想行为、作风品德、工作态度等无时不在感染、熏陶和影响学生，这是一种生动、直观、极具说服力和感染力的教育手段。

事实上，高校阶段的教育教学建设不仅需要广大教师共同努力通过实践来实现，还需要学生在使用过程中不断地尝试和提供意见，让新媒体教学模式在高校教学管理中真正实现新媒体平台的价值，可以为学校的活动推广进行宣传，可以成为学校特殊事件的引导平台，可以有效地实现学校的公益活动，可以帮助学生实现综合素质的培养和学习习惯的养成，同时还可以有效增加新媒体教学平台的社会属性。

（二）制定具体措施以发挥新媒体的价值

首先，高校应积极转变教育观念，尊重学生的学习主体地位和个性发展需求。新媒体的发展使得当今社会的人才衡量标准发生变化，越来越倾向于从综合与全面的角度考察学生的素质，并逐渐延伸至对学生实践能力、协作能力、创新精神以及心理素质和竞争能力等的考察。在这样的背景下，高校教育教学管理必须整体上升到一个全新的层次，根据社会需求培养优质的人才，只有这样才能最大程度地利用好新媒体技术和平台。

其次，高校应及时完善教育教学管理评价体系，提高教育管理者的素养。新媒体对高校的冲击迫使高校要重建大学生教育管理评价体系，且要遵循"以人为本"的理念将原来简单、粗糙的评价指标进行合理细化，从而对新媒体时代下大学生的教育教学管理工作起到规范作用。而想要构建满意的评价体系，就必须要求高校教育教学管理者相应地提高自身的新媒体素养。准确地说，高校教育管理者应从基本理论入手，在掌握基本理论的前提下不断学习新媒体技术以达到随心所欲的应用，这样才有可能在实际工作中发挥新媒体的价值。

再则，高校应努力拓展教育教学管理的新阵地。新媒体时代下高校教育教学管理平台必须与时俱进，换句话说就是要开辟出利于大学生成长的"第二课堂"。对学生而言，开拓"第二课堂"有利于其形成独立的人格，促进其综合素质的提升。而"第二课堂"本身又便于提供丰富多彩的课外活动，这些活动的开展可以反过来帮助教育管理者及时掌握学生的思想行为动态。长此以往，教育管理双方可以在深层接触的过程中增加彼此的感受和认同，不论对大学生的成长还是教育管理者的工作都具有积极意义。

最后，高校必须对传统教育教学管理的内容有所扬弃。在高校全面实施新媒体教学模式的同时，在教育教学管理的内容上也应该进行合理取舍。传统意义上的教育教学管理内容不论深度、广度还是指向性都较为不足，亟须注入更丰富的内涵，建立更加具有针对性、时效性和开放创新的大学生教育教学管理内容体系。具体而言，高校可以从优化大学生教育教学管理内容结构入手，从整体上提升内容的时代适应性，进一步加强虚拟环境中的精神文明建设，引导大学生认识新媒体的利弊，避免其沉迷在网络世界中而丧失思考能力和现实沟通交流能力。此外，高校也应对传统教育教学管理中的有价值内容进行保留和继承，甚至可以考虑利用新媒体将其发展到新的阶段。当然这一过程离不开广大教师的努力，作为教育教学管理的主导者，教师们要坚守自身道德楷模的职责，将新媒体化作一把旗杆，撑起社会主义和时代精神的大旗，带领学生走向光明、美好、健康的未来。

我国的新媒体建设程度在世界也属于一流，就新媒体平台在高校教育教学的管理发展过程中如何实现其特殊的价值和意义的问题，还在不断探究发展思考的过程中，这个过程需要广大教育工作者共同努力，在不断实践的过程中发现新媒体教学建设的特点，针对传统高校教学管理的弊端在新媒体教学模式中寻求解决方式，让新媒体教学模式真正成为新时代具有特殊教学价值的模式。

第二节　新媒体：高校教育管理的机遇与挑战

新媒体技术的飞速发展使新媒体的应用越来越迅速且广泛，影响社会的方方面面，新媒体能极大满足大学生生活、学习、情感等各方面需求，大学生与新媒体产生了频繁、密切的互动。放眼未来，新媒体不仅会成为大学生学习、生活不可或缺的重要组成部分，也会成为整个社会变革的催化剂，相应的，它给我们的教育管理工作带来了新的机遇与挑战。

一、新媒体：高校教育管理的机遇

从大学生教育管理的手段上看，新媒体丰富了教育管理的手段。新媒体以其即时性、开放性、国际性的特征，使得信息的传播交互变得更加快捷、方便，新媒体作为一个内容极为庞大的信息资源库，人们可以在里面各取所需。而大学生教育管理工作者必须利用新媒体来获取广泛的教育管理的素材和资料。我们的教育管理工作者要善于利用新媒体的这些特性，编辑好精彩生动、与时俱进的教育内容，为全面提高教育管理内涵而不懈奋斗。

从教育管理的方式上看，新媒体拓展了教育管理人性化的渠道。新媒体技术不仅可以提供信息，还可以作为辅助学生思考的工具。随着以人为本的教育理念的推广和流行，要求我们教育管理工作者也应该改善传统的教育方式，迎合现代大学生的教育诉求。新媒体技术通过声、光、电结合之后产生的效果和师生之间可以相互交流的平台共同创造出一种大学生乐于接受的教育氛围和情境，新媒体在师生之间架起了相互信任的桥梁，让受教育者在平等、轻松的环境中得到教育管理者的熏陶管理。

从大学生教育管理的效果来看，新媒体增强了教育管理的时效性。教育管理工作必须要有针对性，才能有时效性。而要实现针对性的目的，其前提就是要了解学生思想成长的规律及特点，并实事求是的开展工作，新媒体的兴起和普及为高校教育管理工作提供了新的平台，改变了以往单向式的老师给学生进行灌输的模式，新媒体为学生搭建与外界交流的桥梁，他们通过各种新媒体将自己遇到的问题真实地表达出来，发出求助的信号，渴望得到更多人的解答。

从大学生教育管理的过程来看，新媒体提高了教育管理的便捷性。新媒体设备的普及以及新媒体技术的发展成熟，使教育管理者传达思想、对学生的教育不再仅限于面对面的交流，而是可以使用手机、手提电脑等移动设备随时随地发送或接收教育管理信息，师生之间即使远在异国他乡也可以进行沟通和交流而毫无阻碍，这是新媒体环境下我们才可以享受到的便捷管理。

时代的发展让我们发现，很难再要求所有人在同一地点、同一时间出现，利用新媒体进行教育管理不仅是丰富了管理手段、拓展了管理渠道、增强了实效、提供了便捷，更是历史的必然趋势和要求。

二、新媒体对高校教育管理的挑战

凡事都是一分为二的，当我们看到新媒体技术对教育管理具有天然的有利因素的同时，也要清醒地认识到它也会给我们的管理带来相应的消极影响。

对教学管理的冲击。新媒体对教育管理的冲击是全方位的，而首当其冲的就是教学管理。新媒体技术能够扩大学生与外部世界的广泛联系，学生可以利用网络等各种现代通信技术与其他学生、老师甚至学科专家交流，这样一来，师生之间关系日趋平等，传统教师所固有的权威感逐渐丧失，只要教师授课稍不注意就可能受到学生的抵制或抛弃。

对思想道德教育的冲击。对大学生的思想道德教育是教育管理的重要组成部分，而这一部分的工作内容主要体现在树立大学生的社会主义信念和价值观上。目前我国高等教育的思想道德教育的要求是让社会主义核心价值体系成为青年思想行动的根本价值取向和行为准则。但在新媒体时代，网络社会输出的不仅有各种信息，还有各种思想、观点和价值观念。显然，新媒体时代的一大特征是信息传播的极端自由化。由于其极端自由化的特点，如果社会管理者无法对其进行有效的监控，就会产生诸如宣传暴力、迷信、赌博和色情信息的大肆传播；更有甚者，极端宗教主义、分裂分子也可以肆无忌惮地大行其道。

对大学生生活习惯的冲击。新媒体改变了现实中的许多模式、程序与规则。以网络为代表的新媒体的虚拟性是一把双刃剑，既可以带给大家一个自由、平等的环境，但缺乏真实情景中的情感流露和人格感染，会对人际交往产生较大的影响。

三、新媒体环境下创新高校教育管理的对策分析

新媒体的发展使当代高校教育管理的内容、形式、方法、渠道、手段等面临着诸多机遇与挑战。高校教育管理应遵循以人为本的原则，不断创新和拓展教育管理的渠道和空间，开创新形势下高校教育管理的新局面。

尊重学生的学习主体地位和个性发展，实现教育观念的转变。新媒体环境下的现代人才标准已经逐渐体现为对学生素质的综合性、全面性的推崇，并延伸为注重学生的创新精神、实践能力与协作能力，注重学生的心理素质和竞争品质。将以人为本的观念贯彻在高校教育管理的日常工作中就是在高校内进行人性化管理，最主要的是要让教育管理融入学生生活的每一个方面。这就要求学校的管理层要关心学生的内在需求，通过合适的引导与教育来提升这些需求，将这些需求引向一个更高的层次。

完善高校教育管理评价体系，提高教育管理者的媒体素养。新媒体时代的到来，要求我们在重建大学生教育管理评价体系时要遵循以人为本的理念，细化、合理化原来简单、粗糙的评价指标，建立新的符合时代发展的新指标，为规范新媒体时代大学生教育管理工作拉起新的标杆。高校教育管理评价的主体在新媒体技术的助力下已经涵盖了更多方面、更多层次的参与者，评价内容已由先前的行政色彩，向着社会化、多元化的方向发展，所以以高校管理和服务是否满足学生合理需要、学生能否在高校的服务中获得个性及能力充分发展的机会作为高校教育管理质量优劣的评价体系显得尤为必要。这样的评价体系就要求我们的高校教育管理者必须相应地提高自身的媒体素养。要提高教育管理主体的媒体素养，就必须从基本理论入手，要求教育管理主体在掌握教育基本理论的基础上，还应该精通新媒体教育技术，同时还要熟练地将新媒体技术应用于教育管理的实际工作中。

构筑拓展高校教育管理的新阵地。在新媒体环境下拓宽大学生教育管理的平台，主要方向在于开辟大学生的"第二课堂"。"第二课堂"的开拓不仅有利于学生独立人格的形成，

也有利于他们综合素质的提高，组织管理好大学生丰富多彩的课外活动，对于教育管理者及时把握学生的思想动态和保证大学生教育管理和谐、有序地进行都有积极意义。新媒体环境下教育管理双方可以经历相互接触、感受、认同、交融的历史过程。

对传统教育管理内容的扬弃。在新媒体盛行的今天，我国大学生的教育管理内容不应再单单局限于传统意义上的教育内容，我们必须拓展教育管理内容的广度，赋予大学生教育管理更多、更丰富的内涵，将时代发展和大学生的全面发展诉求与大学生教育管理相结合，建立针对性和实效性强的开放创新的大学生教育管理内容体系。为此，我认为一定要从优化大学生教育管理的内容结构入手，整体提升当今教育管理内容的时代适应性，在提高教育管理者对新媒体时代和新媒体技术的认识的基础上，还要加强虚拟环境中的精神文明建设，引导大学生认识网络世界的本质，网络其实存在很多虚拟性和不真实性，培养他们在翱翔于多彩斑斓的网络世界时自觉控制好自己的言行，避免沉迷于虚拟的网络世界而无法自拔的情况发生。

当然，保留和继承传统教育管理中有积极意义的东西，并把它发展到新的阶段也是我们开展变革的非常重要的任务。对此，我们应该把握住传统教育管理中的教师形象的实质，即便是在新媒体的环境下，教师仍然要坚持自己作为一名道德模范的职责，作为教育主体，是德育教育过程的组织者，应起主导作用。教师的一言一行直接影响学生，是学生模仿的对象。教师自身的表率，教师的思想行为、作风品德、工作态度等无时不在感染、熏陶和影响学生，这是一种生动、直观、极具说服力和感染力的教育手段。

第三节　新媒体时代背景下高校教育管理工作

近年来随着我国社会经济的不断发展与增长，我国已进入信息化。并且信息化背景下网络已经在我们的日常生活与工作生产中广泛应用起来，近年来普遍被用于高校教育管理工作当中，且发挥出较为优异的效果。因此信息化背景下做好高校教育管理信息化建设，可以更好地为学生提供安全且舒适的环境进行学习，让学生更好地接受教育，也能更好地促进高校发展。所谓新媒体是指一种媒体形态，主要是通过数字技术以及计算机网络等等向外界进行信息传播以及服务的形态，新媒体的出现给我们的生活与工作带来了极大的便利，因此本篇文章将重点对新媒体时代背景下高校教育管理工作进行分析与研究，并提出建设性意见，详见下文叙述。

高校作为培养与教育复合型、专业性人才的重要阵地，除了要加大对学生的教育力度外，还要加大安全管理工作，让学生在更加安全且舒适的环境下更好地接受高校教育。强化高校安全管理工作，也是为了更好地满足当下高校改革与发展政策，因此当下高校要将加强教育质量与安全管理工作作为重点工作内容，因为高校中教育问题与安全管理关乎全校师生发展与切身利益，所以高校安全管理与教育问题要及时发现当下教育与管理中所存在的问题，并对其进行分析，及时且精准的找出解决问题的办法，从而更好地提高高校教育质量，完善高校管理工作。

一、当前新媒体时代下高校教育管理信息化中存在问题分析

（一）缺少管理人才

所谓新媒体时代下高校教育管理信息化主要指的是，将网络、计算机技术广泛应用在高校教育与学生的安全管理当中，因此想要充分发挥出信息化在高校教育与安全管理工作中的优势作用，首先就要解决当下高校众多教研人员中缺少专业计算机技术人才的问题，因为只有熟悉新媒体的内涵与熟练新媒体的使用，才能使得高校教育与安全管理工作变得信息化，从而更好地促进高校进步与提高，这同样也是存在于当前高校后勤管理信息化中存在的关键问题。一旦高校管理层级中缺少信息化管理人才，那将直接影响教育工作者的教育管理工作质量与效率。高校招聘，人才引进与培养方面加大力度，从而更好地实现高校后勤管理信息化建设。

（二）管理基础较薄弱

立足于当下高校教育管理工作来看，以往的教育管理工作缺乏规范化，缺乏制度化与程序化，由此可见当下高校教育管理基础较为表层化，基于此部分高校已经采取对策，比如通过模拟现代企业中的管理运行制度，从而建立了一些关于学校的教育管理制度，甚至还通过了国家权威机构的认证，但是由于教育与企业运营不同，所欲依靠企业运行制度制定的相关教育管理制度，治标不治本，没有现实意义，也因此导致了浪费了新媒体时代所提供给高校的教育教学管理便利，因此高校想要做好教育与安全管理信息化建设，必须要重视当前存在的管理基础薄弱问题，从而更好地推动后勤管理信息化建设发展。

二、新媒体时代背景下高校教育与安全管理信息化建设策略分析

（一）做到自上而下统一规划系统进行信息化建设

在高校教育与安全管理信息化建设中，定要做好自上而下、统一规划且有系统的进行工作，这样才会更好地促进高校教育与安全管理工作的顺利进行与发展，为高校教育安全管理工作正常运行提供有力保障，并且还能有效应对教育管理工作中出现的各种由于不统一所带来的问题，比如规划不统一与数据系统接口不统一等等，因此做到自上而下统一规划可以更好地降低高校维护学生安全管理过程中发生风险的概率，避免造成损失，目的是为了更好地为学生呈现出高质量的接受教育的环境。基于此高校工作人员定要结合学校实际情况，从而制定出合理且高效的教育与安全管理信息化工作流程，设计信息化后勤安全管理工作流程，推进高校管理信息化建设进程。需要注意的是，高校在信息化建设过程中定要选取实用性较强的先进设备进行辅助教学，且要有目的性地去选择信息化系统提升教

学质量、丰富教学内容，不要盲目选择，不要急功近利，想要做好教育与安全管理信息化建设，定要仔细落实到每一个步骤，从而更好地促进新媒体时代背景下高校教育源泉管理信息化建设工作的发展与进步。

（二）通过信息化建设呈现出多元化的高校教育与安全管理方法模式

对于高校教育安全管理工作来说，对其进行信息化建设，一定程度上对其带来了挑战，一定意义上将新媒体应用到教学与安全管理当中，实现了教育管理的创新，但是在另外一种层面上来说因为强化管理信息化建设，对高校来说还存在着投入成本大、风险高且落实难度大的问题，基于此传统一成不变的高校教育与安全管理方法模式不能有效满足当下时代发展与学生需求，因此可以有效通过信息化建设呈现出多元化的高校教育源泉管理方法模式，从而更好地将新媒体应用到高校教育管理当中，实现高校教育管理的信息化建设。比如在高校后勤管理当中，螺旋模态实施法是当下较为流行且被广泛应用在高校后勤管理中的方法，他主要是有效结合高校中的后勤管理实际情况，采取的由浅至深的一种信息化建设方法，主要是利用信息化来设定后勤管理工作步骤，然后在构建起与其相对应的后勤管理运行制度，管理方法具有针对性，效果较为显著，通过信息化建设呈现出多元化的高校后勤管理方法模式，技能有效推动高校后勤管理持续健康有序发展，还能更好地发挥信息化建设存在于高校后勤管理中的作用与意义价值，这都是新媒体时代下信息化高校建设与管理带来的优势与好处。

（三）更新高校教育管理理念

想要有效在高校教育管理中应用新媒体，发挥出新媒体的实质作用，更新高校教育管理理念至关重要。

首先最主要的就是要做好高校教育安全管理理念的更新与转变，以高校后勤安全工作为距离，在安全管理工作当中树立后勤工作人员以服务为主的工作理念，从而才能更好地为高校师生提供高质量的安全管理工作与服务，从而确保高校中教育教学工作与其他工作正常开展与运行。因此在高校后勤安全管理工作当中，定要有效提高后勤每一位工作人员服务意识，做到提升高校后勤服务质量的目的，另外还要引导高校后勤工作人员树立积极正确的育人理念，从而能够有效约束自身在后勤安全管理工作中的行为，用自己行为与感染学生，从而对学生提供生活上的帮助与引导，更好地为学生在安全舒适的环境内工作提供保障，最后在更新高校后勤管理理念的同时，更应引导其树立高质量的安全管理工作服务意识，为高校提供高质量后勤服务，促进高校良好发展。

综上所述，传统一成不变且单一的高校教育管理方法模式已经不能有效满足当下时代发展与学生的要求，因此新媒体时代背景下高校教育管理工作定要做好与信息技术与网络技术接轨，从而实现高校教育管理信息化建设目标，更好地推动高校教育与安全管理信息化发展。

第四节　新媒体下大学生党员教育管理

大学生党员的教育与管理是高校开展党建工作和学生管理的基础性工作，在高校大学生政治思想教育工作和大学生管理工作中发挥着重要的引领作用。如何适应当前新技术发展，结合大学生的新特点，开展有效的大学生党员教育和管理是摆在高校党建工作面前的一项重要课题。让新媒体平台在大学生党员教育和管理中发挥作用是高校党建工作的重要内容。本节对如何搭建大学生党员教育和管理新媒体平台建设作了分析，并提出了建设思路。

随着互联网技术的发展，媒体传播技术发生了重大改变。微信平台、微博、手机APP、网络教育平台等新媒体具有交互性强、互动性好、信息发布门槛低等特点，广泛地被大众所接受。大学生党员接受新知识、掌握新技术快，新媒体技术在这一群体中的应用十分广泛。过去的大学生党员教育与管理多采用授课形式，由于受课堂的时间、内容、方式等因素的限制，师生交流不充分，教育与管理往往不能达到理想的效果。新媒体平台的出现和利用，可以完美地解决这个问题。教师、学生可以通过新媒体平台不受时间、地点、人员的限制，进行多角度、多方位、多内容的交流互动。新媒体平台契合年轻群体的特点，会收到更好的教育管理效果。笔者在分析和研究目前的大学生党员教育和管理平台建设的基础上，结合当前大学生党员的教育与管理的特点，从大学生党员教育和管理的实际出发，针对大学生党员教育和管理新媒体平台建设，提出大学生党员教育新媒体平台建设应具备"四有"条件，即有技术、有内容、有交流、有效果。

一、有技术

技术是新媒体平台建设的"骨骼"。网络技术的发展与普及，使学习和教育的方式、方法发生了巨大变化。微信、QQ、手机APP等可以使学习和教育不受时间和地点的限制。大学生党员的年龄、兴趣、爱好等趋同，使用互联网是他们学习、生活的必要条件。大学生党员的教育和管理要适应时代发展的需要，打破传统的学习和授课形式，研究和开发适合大学生特点的网络学习、教育和管理平台。目前，国内网络平台的开发技术已经达到了很高水平，完全可以满足需要。如得实集团开发的网络教学平台、中组部党员教育中心主办的党员教育平台、山东省齐鲁先锋的党员教育平台、杭州精英在线教育科技有限公司提供技术支持的中国高校党员学习网等，通过网上学习平台技术，实现"虚拟教室"设计、"学习材料库"设计和"学习支持"设计，具备很高的技术水准和应用能力，完全可以满足党员网上学习、教育、管理的需要。但是，适合并被高校认可的大学生党员教育和管理平台还没有开发或固定下来，需要高校党建上级主管部门统一研究，为高校党员教育和管理提供更加有效、便捷、适用的新媒体平台，不断创新大学生党员教育和管理的方式、方法，更加高效地开展大学生党员教育和管理。

二、有内容

内容是新媒体平台建设的"心脏"。基于网络技术的新媒体平台的"骨骼"建好后，要注意作为整个平台核心部位内容的设置。大学生党员的教育、管理与新媒体平台的内容要紧紧围绕党的方针、路线、政策，传授党的基础知识，呈现党的光辉历史和丰功伟绩，学习党的章程，铭记党的宗旨，履行党员的义务和权利，明确党的纪律和各项制度，了解和掌握国内外形势，坚定共产主义理想信念，为实现中华民族伟大复兴的"中国梦"而努力奋斗。目前，国内各省市、地县等建设了许多党员教育和管理平台，内容相差无几，形式、技术和功能却各有千秋，内容和技术较全面的当属"共产党员网"。"共产党员网"的版块全、功能全、内容全，学习性好、交流性好、服务性好。作为一个综合性学习平台，它能够满足党员的日常学习和教育所需，党员也能够学到和掌握上面所提及的内容。大学生党员群体集中而不分散，习惯于统一授课、讲评、辅导和考核。因此，"共产党员网"还不能够完全适合大学生党员学习和管理的特点，需要在网络技术支持下研发能够适合大学生党员特点的新媒体平台。

三、有交流

交流是新媒体平台建设的"血液"。大学生党员教育与管理的新媒体平台建设是离不开交流的。通过交流，可以使大学生党员接受新的知识、研究新的观点，提高分析问题和解决问题的能力，交流学习心得，解答疑难问题，提高学习效率。也可以通过交流使平台活跃起来，平台发布的内容、服务项目都能够得到大学生党员的利用，从而提高大学生党员教育和管理的效率。交流的方式可以采取理论荟萃、专家访谈、学者论坛、党员参考、你问我答、网络导航等，如"共产党员网"就设立了"高端访谈、先锋论坛、先锋文汇、我要投稿、党员参考、党务助手、党务问答、网址导航"等交流栏目，党员可以通过这些栏目找到与他人或平台交流的途径，获取所需的知识、问题答案、思想交流等。大学生党员是一个比较活跃的群体，愿意通过平台交流的形式接受指导、解答问题、交流思想。

四、有效果

效果是新媒体平台建设的"机能"。一个平台适用与否，关键要看它的"机能"是否强大。大学生党员教育与管理的新媒体平台不但要拥有强大的技术、丰富的内容、友好的交流来支持，还要使三者形成有机的结合体，相互间密切配合、共同发挥作用，达到使用的最佳效果。评判效果的关键是要看平台综合服务水平、相互交流的效果和自主学习的约束。因此，大学生党员教育与管理的新媒体平台不仅要设立学习目标、课程体系，还要设计授课计划、过程监督，制定规范、实施考核，形成一个学习、教育、管理和服务的闭环系统，发挥有指导、有规范、有监督、有考核的功能。有指导，就是要科学规划平台，明确学习目的，提供学习方法，有效进行交流和辅导。有规范，就是要制定制度，规范行为，约束学习。有监督，就是要进行有效过程管理，跟踪检查，质量评价。有考核，就是要有量化指标，通过考试、社会实践等形成考评等级或分数。有效果，就是大学生党员教育和管理新媒体平台的命脉，离开了效果，技术、内容和交流就无从谈起。

大学生党员教育和管理工作是高校基层党组织的基础性工作，在高校大学生政治思想教育工作和大学生管理工作中发挥着重要的引领作用。大学生党员的教育和管理要适应时代特点，跟上科学发展的步伐，传统的灌输式教育不能发挥大学生党员的主观能动性。目前，各种新媒体平台是高校师生交流和获取信息的主要渠道，也是被高校大学生广泛采用的技术。它能够有效地调动学生党员自我教育和管理的积极性，不需要在指定的时间和地点进行专题学习和教育活动，不受时间、空间以及人力、物力的限制，有利于提高党建工作效率。大学生党员教育和管理新媒体平台建设是一个有机整体，要有骨骼、心脏、血液和机能，形成一个鲜活的肌体，让各个功能都发挥应有的作用，并相互间发生紧密联系。

第五节　新媒体背景下高校多媒体教室的管理

教育技术飞速发展，高校的教学工作技术化水平也日益提高，多媒体教学逐渐成为主流。做好多媒体教室管理工作，为教学提供完善的保障就变得意义重大。然而，当前高校多媒体教学实践中，教师对多媒体技术服务的质量并不满意，抱怨颇多。这其中的原因是多方面的，而无论何种原因，目前的情形都影响了教学效果。要走出目前的困境，多媒体教室管理部门应该从制度建设、设备条件、管理手段及人员培训等方面，全方位地提升服务质量，保障教学的顺利进行。

随着新媒体技术的飞速发展，人们的生活已经被彻底改变，微信、微博、QQ在网络的世界里为人们重新建立了活动和沟通的空间。在教学领域同样如此，新技术给教学提供了更丰富的教学手段，为教学带来了无限可能。目前，板书逐渐淡出了教育者与受教育者的视野，取而代之的是多媒体课件。以多媒体课件为载体的多媒体教学，凭借对人们感官的全面刺激，迅速抓住了教师和学生的心，在高校教学中已成为主流。然而技术是一把双刃剑，在给教学带来便利的同时，亦带来了一定的困扰。这一点在高校多媒体教室管理部门与教师之间表现尤为突出。解决这些困扰，为多媒体教学扫清障碍，让技术真正为教学服务，就成了当务之急。

一、高校多媒体教室管理现状

高校多媒体教室管理，其本质是服务于人的一项工作。管理人员承担着多媒体教学的支持服务工作，因而，有效评估多媒体管理人员的服务质量，是研究高校多媒体教室管理的主要议题，是保障多媒体教学顺利进行的关键，也是深化创新教学改革的保障。

为此，有学者尝试通过 SERVQUAL 量表的方式来对多媒体教室管理人员的服务质量进行科学、准确地研究。他设计了包括教学环境、业务素质、服务态度、信任程度、个性服务等五个维度共 32 个题项的问卷并进行了严谨地调研。其研究表明：教师对多媒体教室管理人员服务期望平均值较高，而实际感受平均值却很低；多媒体教室管理人员服务质量直接影响着教师的未来行为选择，提高服务质量能够有效减少教师的不满情绪、抱怨次数和投诉可能性。①

由此看来，使用者尤其是教师对高校多媒体教室管理的现状并不满意，目前多媒体教室管理人员所提供服务的质量急需改善，以师生满意为中心、提高多媒体教学支持服务水平已经刻不容缓。

二、高校多媒体教室管理问题分析

（一）管理手段滞后，信息反馈不及时

多媒体教室管理工作，看似简单，就是管理好各个教室别出问题，而事实上这项工作并不容易。因为多媒体管理部门要协调数百间多媒体教室、管理数百件多媒体设备，同时还要处理大量教师的同时授课，工作量是极大的。做好这些工作，管理手段显得尤为重要。而当前，多数高校多媒体教室的管理方式还停留于纸笔记录、口头传达这种看似与信息化时代相脱节的阶段。用这种方式来管理多媒体教室已经暴露出了很多问题。比如：每日的维修记录信息不容易被完整记录、汇总和分析；设备的状态信息无法被及时查看；教师对设备的反馈信息不容易被及时收集和吸纳；因获取信息不便，导致调换设备或教室的效率低下等。相关的问题还有很多，都是由管理手段滞后造成的。

（二）缺乏专业且结构合理的管理队伍

总体来讲，高校多媒体教室管理部门不是很受重视，这决定了他们无法形成一个专业且结构合理的管理团队。首先，很多高校多媒体教室的管理人员主要由一到两名计算机专业人员和很多临时工组成。总体来讲，学历上普遍偏低，业务能力无法紧跟多媒体技术发展的步伐。其次，由于地位较低，很多高校在对多媒体教室管理人员培训、进修、晋升职称等方面有所欠缺，而这会挫伤多媒体教室管理人员的工作积极性和进取心。如此，多媒体管理人员很难形成结构合理的管理队伍，也就无法保证提供高质量的教学支持服务。

（三）设备条件相对落后于教学软件的发展

随着信息技术的发展，各种教学软件层出不穷，每个教学软件的版本也是更新迅速。教师时常会为了教学需要，临时安装一些新的软件，而这些软件对计算机的配置提出了更高的要求。这就造成两种情况：一种是当前的计算机配置无法支持新软件的使用，教师因无法安装新软件会对多媒体教室管理人员提出强烈的意见；另一种情况是很多教师都按照自己的需要去安装新软件，这会使计算机的内存严重不足，导致计算机运行缓慢，继而引起没有安装新软件的教师的不满。在这两种情况下，教师最终都会将矛头指向多媒体教室管理人员，造成两者之间的矛盾加深。

（四）任课教师欠缺教育技术能力，误操作现象频发

多媒体教室的各种设备最终是由任课教师来操作使用的。因此，教师能否正确使用，直接关系到教学效果的好坏②。现实的情况是，任课教师经常忽视教育技术的学习、对给他们提供的培训也不屑一顾，而在使用多媒体设备过程中他们又经常发生操作不规范或是错误的现象，导致设备无法正常运行甚至发生损坏。发生了这种情况既耽误了正常上课，又增加了不必要的维修量，甚至有的教师还将责任推到管理员身上，无形中增加了管理员与教师之间的矛盾。此种现象在学生社团活动与招聘宣讲中也频繁出现。

（五）设备数量大、变更频繁，导致资产管理难度大

随着多媒体教学的普及，每个高校的多媒体教室都在尽可能的增长，设备数量越来越大。而在日常的维修中，设备变更（如主机交换，备用设备替换等）是经常发生的，整体而言设备的流动性较大。如果多媒体教室分布在不同的楼上，信息一旦更新不及时，很容易造成设备的账、物不符，这给固定资产管理增加了难度。

三、多媒体教室管理问题的对策探讨

（一）与时俱进，引入信息化管理手段

大数据时代，管理手段的信息化，是任何一个管理部门最终都将绕不开的议题。多媒体教室管理部门，作为一个信息技术部门更是如此，引入信息化管理手段来统筹管理多媒体教室设备、方便快捷的处理设备使用者反馈的信息成了必然。

信息化管理手段不必一味追求技术先进，因为最先进的难免水土不服，而且成本也是一个很大的问题。结合目前的有益经验和实践中的一些成功案例，笔者认为，该信息化管理手段应该包括以下两大功能模块：

1.面向使用者的功能模块

对于使用者而言，首先应该了解设备的使用和维护常识。所以，应该有关于设备的使用说明（可图文并茂，有条件的最好进行视频解说）、相关的管理规定、应急预案。此外，为方便使用者申请教室，还应该配上关于教室申请的申请说明。其次，要提供专门的教室

申请功能，目的是避开走纸质程序时的低效，节省使用者宝贵的时间。同时，使用者申请教室需要查询相关的信息，因此应该提供实时的多媒体教室占用信息、教室容纳人数信息及教室分布地图。最后，为便于使用者与管理员之间进行更融洽地沟通，还应该向使用者提供反馈意见的窗口。

2. 面向管理员的功能模块

多媒体教室管理人员对该系统的需求主要分为前台和后台。前台部分，管理员应该能够准确记录设备报修信息。后台部分是整个系统的重头戏，也是与当今的大数据背景十分契合的，主要承担数据管理和统计分析功能。具体而言，首先，应该能够对前台添加的维修记录进行统计分析；其次，应能对教室设备信息进行动态记录；第三，应能与教务系统进行对接以提供实时的多媒体教室占用信息；最后，应该能对使用者提供的教室申请信息进行审核和处理。

有了合理的功能模块，还应该有合适的载体。在如今这样一个智能手机横行的年代，多媒体教室管理系统与手机绝缘是不现实的。所以，在建构系统时，必须同时开发手机版本以适应时代发展的需要。

（二）加强教师的教育技术能力培训

为了使任课教师能正确的使用多媒体设备，掌握多媒体教室设备的操作规程，对教师进行教育技术培训是十分有必要的。要保证培训的质量，必须要建立相应的培训制度，多媒体教学管理部门应该与教务处、人事处合作共同把培训工作做好。如规定必须至少参加一次培训，培训合格后发放相应的证书，没有合格证书就不能申请多媒体教学，将教育技术考核纳入教师的年终考核中去。在培训内容上应该涉及多媒体教学的发展史、多媒体教室的使用流程、多媒体教室的组成以及多媒体教室常见问题的处理方法等。培训时间放在每学期开学初较好，因为教师可以及时地去实践中内化所学习的技能。

（三）加强制度建设和人员培养

高校多媒体教室的管理和维护工作实际上是一个教学服务工作。表面上面对的是机器，实际上面对的是全校的教师和其他教职工。建立健全的多媒体教室管理制度，将会使多媒体教室管理工作规范化、可视化，有利于接受使用者监督以更积极地改进工作，继而有利于处理好与多媒体设备使用者的关系。

无论什么性质的工作，人员的培养和团队的组建是关键。相关部门应该更多地重视多媒体教室管理部门，提供专业的技术人员来进行多媒体技术梯队的建设；改进多媒体教室管理部门的考核方式，给他们提供更多的晋升机会，提高工作的积极性。同时，一定要重视多媒体教室管理部门的人员培训，多提供学习和培训的机会（如可定期组织多媒体教室管理人员和各厂家进行技术交流和学习），全方位提升管理人员的专业技能。

（四）提升硬件水平，合理配置资源

为紧跟教学软件更新换代的步伐，努力提升硬件设备的质量是一件十分紧迫的事情。

要做到始终能完全满足教师对设备配置的要求是很难的，所以一方面要在设备采购时把眼光放长远；另一方面要对现有的资源，根据数据分析的结果进行合理的分配。在采购设备时，把眼光放长远，即在综合考虑成本和现实要求的前提下，着眼于教育技术发展的趋势，采购具有扩展性和延续性的设备，尽量延长多媒体设备的使用寿命。对资源进行合理配置，即根据课程特点、教师使用偏好信息等，对设备按照需要进行统一的资源配置。如，将高配的设备调整到需求最强烈的课程中去。

多媒体教学已成为高等教育的主要教学方式，因此，其重要性是不言而喻的。相应地，作为多媒体教学的唯一支持服务部门，多媒体教室管理部门也应获得足够的重视。不仅外界要重视多媒体教室管理部门，其自身也要对自己的地位和重要性有个清醒的认识。有了重视和认识，多媒体教室管理部门应该尽快从硬件、软件、管理手段及制度建设等方面全方位地提升自己的服务质量，做高校教学工作最坚强的后盾。

第五章　新媒体理念下的高校教育教学管理的应用研究

第一节　新媒体环境下的高校学生管理

在互联网和大数据技术快速发展的背景下，基于网络这一载体下的QQ、微信以及微博等APP也逐渐成为人们日常生活中不可或缺的重要内容。这些新媒体的出现，一方面对社会经济发展起到了促进作用，另一方面也使得高校学生管理工作环境发生了较为显著的改变。因此，我们要对新媒体环境下高校学生管理工作予以正视，并加大对学生管理工作创新路径的探索，以期推动高校学生管理效率的提升。

随着QQ、微信等APP的快速发展，标志着我们已步入网络时代。也正是由于互联网具有的覆盖范围广以及传播速度快等特征，给人们的日常生活、工作和学习也带来了不可忽视的影响，其中，高校学生管理工作也不例外。以高校学生管理工作为立足点来讲，如何对新媒体具有的优势作用予以充分运用，以此推动高校学生管理工作效率与水平的持续提升是现阶段从事高校学生管理工作的工作者着重关注的问题。基于此，本节主要就新媒体环境下高校学生管理工作创新路径予以讨论。

一、新媒体与学生管理工作概述

在互联网技术快速发展背景下，以微信、微博为代表的新媒体出现在学生的日常生活中，并成了学生进行沟通与交流的重要载体。此种方式凭借其内容丰富多样等特征极大地激发了学生兴趣和好奇心，并逐渐成为学生日常生活中不可或缺的事物，在此背景下也给高校学生管理工作提供了契机。然而，事物存在具有两面性，新媒体具有的缺陷也不容忽视。例如其信息质量参差不齐，一些不良信息会对大学生价值观等产生不利影响，从这个角度来讲，给高校学生管理工作也带来了巨大的难度。由此可见，新媒体对于学生管理工作来讲是一把双刃剑，所以在新媒体时代开展学生管理工作时，要注重对其优势的充分应用，规避其劣势，以此推动学生管理工作的创新，达到提高学生管理工作效率的目的。

二、新媒体环境下高校学生管理工作创新路径

（一）推动网上交流平台的建立，确保其教育功能的发挥

要以学生的使用习惯为切入点和立足点，依托多样化资源整合等路径，实现信息交流平台的有效建立，如微信公众平台或学生管理系统等。自学生进入到学校开始，就要注重对其基本信息的录入，同时，学生在校期间的考试通知以及各类活动通知等都可以借助建立起的网上交流平台进行发布，学生只需登录到平台当中，即可实现对发布信息的查看与获取。值得一提的是，此平台并不是一个承担信息发布这一简单功能的平台，而是要将其具有的教育功能进行追哦中发挥。例如负责学生管理的工作者可以对现有的思想政治教育资源进行整合，并将其借助平台呈现在学生面前，以此引领学生正确参观的树立，使学生能够潜移默化的接收到思想政治教育。同时，想要吸引学生对平台的关注，那么还要基于对学生喜好有充分了解的背景下来进行，并以院系专业特色为结合点，推动平台的个性化发展。

（二）推动管理队伍新媒体应用专业化程度的提升

据了解，学生管理工作具有复杂性特征，不仅涉及的内容较为宽泛，而且随着学生需求多元化发展其管理工作难度也有了明显的提升。加之，在开展学生管理工作时通常以辅导员为主，而辅导员通常身兼数职，需要开展多个领域的工作，压力较大。客观来讲，新媒体属于近年来的新兴事物，管理者在实施管理的过程中要注重对其的充分且有效运用，并推动自身应用向精通方向发展。因此，想要使上述得以良好的实现，确保管理者对新媒体技术的及时掌握，为后续应用奠定良好的基础，高校应将培训机制作为首要建设的内容，向管理者传授新媒体技术的主要应用方法，以此推动其在管理工作开展中的积极应用，这也是推动集新媒体技能和高政治素养为一体的教师队伍建立的重要措施，从而使管理者在应用新媒体管理过程中及时发现与掌握学生现阶段的思想动态，有效避免因不良思想动态给学生乃至校园带来的不利影响。此外，还应针对管理者建立起跨校、相互沟通与交流的机制，在交流过程中汲取其他管理者科学的管理经验与方法，从而做到优势互补，取长补短。

（三）建立分级信息联络员体系

在开展学生管理工作时，可以以虚拟和现实结合的方式，以监测学生基于新媒体发布的动态为路径，从中剖析问题、解决问题。据了解，现阶段的大学生将新媒体作为发表思想动态和宣泄个人情绪的重要场所，所以在实施管理时可以对这些动态进行有效监测，以此分析出学生的思想和行动动向。然而，从客观角度来讲，上述工作内容对人力要求较高，因此，推动以全校为主体的信息反馈体系的建立就显得尤为重要了。这也就是说，建立起以学校信息员、学院（系）信息员、班级信息员和宿舍信息员为一体的四级联动的信息反

馈体系。

其中学校信息员主要负责全校信息管理工作，并以下级信息员反馈信息为依据实现对现存问题的客观分析，这也是应急方案制定过程中的主要参考依据和基础。同时，无论是对于新生入学、毕业生就业还是考试等特殊阶段，都要将学生动向作为主要关注内容；学院（系）信息员主要负责本院（系）学生信息监测工作。例如可以深入到学生当中，与学生进行沟通与交流，拉近与学生间的距离。或者还可以定期开展谈话活动，了解学生遇到的问题，并给予一定的帮助使其问题与矛盾得到有效的解决；班级信息员发挥着至关重要的作用，是直接发现班内同学存在问题的主体。所以在选择班级信息员时，可以将思想敏锐和责任心强作为选择标准，从而能够及时发现班内同学存在的问题，并及时上报给学院。然而，由于受到客观条件影响，同一班级学生通常会划分出多个宿舍，这时宿舍信息员的作用就尤为突出了。宿舍信息员应承担起活跃、营造良好宿舍氛围的责任，一旦发现舍员存在问题，要及时向班级信息员予以上报。也正是上述四级联动反馈体系的建立，使得学生管理工作预见性有了明显的提升。

（四）深度挖掘基础数据

新媒体为我们提供的海量数据承载着丰富的信息，因此，我们要注重对信息技术的充分运用，以此实现对相关数据的充分挖掘，并将其整合成具有价值性的信息内容，为后续决策制定等提供客观化依据。例如，学生课堂表现、学生图书借阅情况、学生上网等都可以作为切入点，从而实现对学生行为特征、学生群体分类等多方面内容的了解与掌握。但是，就目前高校学生事务管理来讲，其层级构成相对复杂，信息化管理水平还有待提升，基于此背景下，必然会给高校学生相关基础数据的挖掘带来难度，因此，这也是后续高校应着重解决的问题。

（五）建立起多元化的服务机制

可以推动线上和线下的结合，并以多元化的服务机制为依托，推动学生教育管理的共同开展。首先，要定期开展以学生为主体的座谈会，给予学生发表意见与看法的机会，倾听学生建议。尤其是在制定与学生息息相关的规章制度时，更应注重学生想法的倾听，例如可以利用线上投票的方式，并将此作为重点考虑内容，完成学习与生活方面的规章制度制定。此外，线上投票或线下座谈也是学生参与到学生管理当中的一种有效方式，这样既可以使学生在日常工作中严于律己，而且学生管理工作也更具客观性和针对性；其次，开通领导电子邮箱。一旦学生在日常生活与学习中遇到困难，都可以借助发送邮件的方式来向学校领导进行反映。这样既可以使学生的压力与想法得到释放与表达，又能缓解当下各部门推卸责任、学生问题得不到实际解决的情况；最后，建立新闻发布机制。部分学校学生一旦发生重大事件，通常会借助封锁消息等方式来避免学生的讨论。然而，在信息时代背景下此种做法更容易给没有事实依据的消息在校园内蔓延提供可乘之机，对校园稳定与和谐极为不利。我们要及时摒弃以往封锁消息等做法，而是借助新闻发布等方式将学生关心的问题向学生进行说明与公开，从而实现对不切实际消息的有效杜绝，达到稳定人心、维护校园安定团结的目的。

总之，随着网络技术的快速发展，虽然新媒体给高校学生管理工作提供了契机，然而由于其具有两面性特征，所以在对其予以应用进行高校学生管理工作创新时，要注重趋利避害，扬长避短，以此使学生管理工作创新顺利展开。

第二节　新媒体时代高校教学管理体系

教学管理体系是高校的重要体系之一，是提高高校教学质量、教学水平的重要保障。在信息时代到来的今天，高校的信息管理体系应该利用信息技术进行创新，从而能够更好地服务师生，培养学生。本节阐述了现阶段高校信息管理体系存在的问题，并在此基础上对新媒体时代高校教学管理体系改革与创新的措施进行了研究分析。

高校教学管理体系关系着整个高校的稳定运行和健康发展。随着新媒体时代的到来，网络技术也渗透到人们生活的方方面面，高校教学管理体系也应当顺应趋势，利用新媒体技术进行改革与创新，从而能够更好地提高教学管理水平、提升学校的教学质量、促进学生综合素质的发展。可见探究新媒体时代高校教学管理体系的建设有着很大的现实意义及理论意义。

一、高校教学管理体系面临的困境

（一）高校没有意识到新媒体技术的重要性

在新媒体时代，网络信息技术应用于各行各业，带来了新的生机与活力，社会的各个行业也都在加强信息技术的建设。然而，高校却未意识到新媒体技术对教学管理体系的重要性，未利用新媒体技术对教学管理体系进行改革与创新。高校缺乏信息化建设的硬件设施，也未对管理教师进行信息技术的培训，忽视了信息化技术建设的意义。高校的教学管理体系仍处于落后的局面。这在很大的程度上阻碍了高校教学质量的提升，教学管理水平的进步。

（二）高校教学管理观念落后

高校教学管理理念是教学管理体系的基础。然而，现阶段我国高校教学管理理念落后，这也严重阻碍了高校教学管理体系水平的提升。当前，高校的教学管理仍旧过分强调集体精神的重要性，而忽略了学生的个性发展，教学管理水平较低。此外，许多高校的教学理念缺乏创新性，仍旧采用以往的教学管理经验来管理学生，管理效率低下，学生的抵触情绪较强。再者，高校的教学管理缺乏预防机制，只重视问题的事后处理，而忽视了建立相应的预防机制，管理水平低下。

（三）教学管理方式陈旧

高校的教学管理体系除存在教学管理理念落后外，还存在教学管理方式陈旧的现象。当前，很多高校仍旧采用行政化的教学管理方式，这种教学管理方式在以前对学生管理起到了很大的作用，但随着社会的进步，行政化的教学管理方式的弊端也逐渐显现出来，它在很大程度上抑制了学生的思想及行为的发展，阻碍了学生的全面发展，高校的教学管理水平、教学质量也得不到提升，因此改革与创新高校教学管理体系势在必行。

（四）教学管理人员素质有待提升

随着高等教育的普及，高校学生的数量也越来越多，高校教学管理教师需要管理的学生也越来越多，管理教师不可能兼顾到每一个学生，这就要求高校管理教师需要不断地提升自己的管理素质，从而能够更好地进行管理。此外，受传统观念的影响，高校教学管理教师注重个人的发展，专业的提升，而忽视了对学生的管理，从而导致高校教学管理工作效率低下，阻碍了高校的发展，也不利于学生综合素质的提升。

三、新媒体时代高校教学管理体系的改革与创新

（一）以信息化管理理念为导向，改善高校教学管理思想

传统的教学管理体系信息交流缓慢，渠道单一，管理效率低下，阻碍了高校工作的正常开展，教学质量的下降也不利于学生的全面发展。新媒体时代的到来给高校教学管理体系带来了机遇与挑战。高校应当摒弃落后的教学管理思想，改善教学管理理念，以信息化管理理念为导向，认识到高校教学管理体系信息化的重要性，并借助先进的新媒体技术，对高校教学管理体系进行改革与创新。高校可以开展交流座谈会或进行相关培训，让教师了解学习信息化技术的便利性，教师可相互探讨交流，对高校教学管理体系的信息化建设发表看法及建议，并鼓励高校教师参与到教学管理体系信息化建设中来，改善教师高校教学管理思想，为顺利开展高校教学管理体系信息化建设奠定坚实的基础。

（二）强化高校教学管理设施建设，构建信息化的教学管理体系

高校应利用新媒体技术构建信息化的教学管理体系，从而能够提升教学管理水平，提高教学管理的质量。高校应当利用新媒体技术建设信息化的教学管理数据平台，将高校的教学计划、教学大纲、教学教材、师资情况、学生及教师的档案等进行数据整理，方便查询及管理，极大地提高了管理工作的效率。此外高校应当加大对信息化教学管理体系的投入，借鉴其他的成功经验，引进先进的信息化技术，加大对信息化教学管理体系软件的开发及维护，促进高校教学管理体系的改革与创新。再者，要想实现教学管理体系的有序运行，就需要有完善的教学管理制度。因从，高校应当结合信息化的管理体系建立健全教学管理制度，促使教学管理体系向标准化、程序化及规范化发展，提升教学管理质量，促进学生的全面发展，促进高校工作正常有序运行。

（三）全面提升高校教学管理队伍的素质水平

要想实现高校教学管理体系的改革与创新，人才是关键，因此高校应当注重教学管理队伍素质能力的培养。高校应当定期对管理队伍进行培训，提升队伍的信息化的专业水平，并将信息化技术的学习及实践引入到考核机制，激励管理队伍不断提升与进步。高校也可以在校外聘用专业的信息化技术人才，以丰富的管理经验、超前的创新意识等影响管理队伍，提升高校教学管理队伍的整体素质，促进教学管理体系的不断完善与发展，给学校、教师及学生提供便利，提升教学管理质量与管理水平，为我国高等院校教育改革的可持续发展奠定坚实的基础。

高校的教学管理体系与教学质量、教学水平有着重要的关系。在新媒体时代，高校的教学管理体系也应该顺应趋势，摒弃传统落后的教学管理方式，构建信息化的管理体系。高校应当以信息化管理理念为导向，改善高校教学管理思想；强化高校教学管理设施建设，构建信息化的教学管理体系；全面提升高校教学管理队伍的素质水平。从而促进高校教学管理体系的改革与创新，提升教学管理水平，为高校教育改革的可持续发展提供保障。

第三节　新媒体下的高校管理教学改革

随着最近几年社会和科技的不断发展，人们的思想意识也发生了多方面的变化给高校的管理教学带来了很大的阻碍。这篇文章就是针对新媒体这个大环境背景下高校管理教学改革进行了分析与探索，并为高校管理教学的开展提供了很多有力的措施。

一、新媒体下的高校管理教学的重要性分析

（一）对学生的价值观念进行有效引导

高校办校的主要目的就是为提高人才的自身水平，并提高教育教学质量和科研水平。高校在学生政治教育思想方面有着重要引导作用。随着社会多元化发展和信息技术的不断涌入，高校教学管理面临着重重困难。大学生是一个活跃的群体，有着前卫的思想，应用新媒体进行管理教学，能使广大学生都乐于接受。教师在教学时，可正确引导学生价值取向，通过教师潜移默化的影响，使学生建立正确的价值观。

（二）改变学生学习的方式和特点

新媒体具有不受空间、时间限制的特点，因此学生在利用新媒体学习时具有一定的灵活性。在以往的教学中，大学生基本都是按照固定化的模式去学习和接受知识，且学生知识量获取多半依靠教师的能力水平，自从新媒体出现后，高校教育教学开始运用新型的信息技术，建立开放的社交平台和网络体系，这样大学生不论何时何地都能通过新媒体技术

获取知识、进行良好社交，进而提高知识的传播效率。并且，广泛应用新媒体技术，能有效促进学生间和师生间的良好交流。通过互动平台能更让学生、教师之间相互解决生活或学习问题，使师生间的关系更为融洽，进而培养学生自主学习和自主探索的能力，加强学生对于生活、社会及世界的认知。

（三）拓宽学生学习渠道

新媒体的出现，不仅丰富了学生的知识资源，还能将信息资源有效传播覆盖高校，并拓宽大学生学习渠道。QQ、微信、微博等都属于新媒体下的传播软件，学生通过利用这些软件，能有效传播大量的学习资源。如 QQ 空间、微信公众号及微博上，会有很多专业人士分析当下热点问题，学生可根据这些人的探讨，拓宽自身视野并强化课堂知识教学，加深自身对于知识的理解。有很多网站搭建教育教学平台，并安排名校名师进行宣讲，让国内外学生都能够通过网络平台进行自主学习，从而促进资源共享。通过网络平台，大学生能有机会与名师进行交流学习，学习优质的教学内容，增加自身知识积累。

二、新媒体背景下高校管理教学面临的挑战

高校是培养优秀学生和社会人才的主阵地，高校教育教学对社会未来发展具有重要意义。高校肩负着为国家培养栋梁之材的重任。因此，高校教育必须采用新型的教育教学模式促进教学发展，积极采用新媒体进行管理教学。但随着新媒体的到来，使高校管理教学受到了一定程度的冲击，主要体现在以下两个方面。

（一）新媒体信息良莠不齐

新媒体具有不受空间、时间约束及一定的开放性和直接性的特点。大学生可随意在手机或网络平台查询信息和收集信息，而这些信息中大多部分都是良性信息，但也有少部分是低俗、消极信息。大学时期学生正处于半成熟期，容易受到外界影响，当面对一些不良信息时很难做出正确的判断。并且新媒体存在一定的隐蔽性，很多学生的日常生活和学习都要依靠新媒体来完成。因此，简单进行理论式课程教学，已经不能满足学生对于教学的需求，进而也就加大了教师教学管理工作的难度。即使教师精心备课，学生也不愿意听讲，而更愿意玩手机，这就使教师不能良好地管理教学课堂。

（二）未能正确应用新媒体

如今，很多高校教学仍以单一的课堂教学方式为主，主要依靠教师讲解，不能正确认识新媒体带来的积极作用，缺乏对于高校管理教学的改革和创新。在日常教学中，教师仍按照固定的课堂模式进行教学，或者一味地依靠于网络教学，不能很好地利用新媒体，发挥它的长处，同时也不能和教学课堂有效结合，只是形式化带过。面对现代社会发展趋势，教师应有效利用新媒体来培养学生，教师不能在课堂教学中有效利用新媒体，便不能有效传播新媒体中的新文化和正能量，同时也不能培养学生良好的是非辨别能力。

三、新媒体下的高校管理教学实践策略

（一）加强高校管理教学改革重视度

在高校教学中，教师对于信息技术应用的重视度不高，缺乏对于新型信息技术的应用。在新媒体环境下，传统教育模式及教学理念已跟不上时代的步伐，故需加强教师及学生对新媒体的认知，更好助力于高校教学及加强高校管理。高校办学的主要目标是为提高教学水平及科研水平，采用多媒体应用教学有利于学生建立正确的价值观念、促进高校的信息交流、丰富学生的文化生活。大学生是一个思想比较活跃的群体，接受知识能力较快，能快速接受社会新潮文化，跟随时代发展的步伐。由于当今社会正处于开放文明的时代，对于大学生思想解放有着重要影响，大学生通过新媒体加强对文化的追溯，能为学习带来更为丰富的文化知识。引导大学生正确运用新媒体能培养学生的价值观，为大学生建立更高价值取向，从而进一步提高社会整体道德水平。高校都有其相应的管理模式及教学方式，都是采用分院的方式进行有效教学，有助于发挥各院各专业的优势之处并提高管理工作人员的工作积极性，但这种方式相对较繁琐，且不能有效利用人力资源，不利于各部门间的管理，同时也无法协调统一学校管理工作。因此加强对新媒体的应用，有利于高校信息数据的传输，改变纸质形式的文档记录，方便学生与教师间的沟通交流，为学生带来多样化、丰富化的高效课堂，提高教师教学质量及学生学习质量，同时加强师生之间、学生之间的交流沟通，拉近彼此间的距离。

（二）正确认知新媒体发展趋势

尽管新媒体有很大的应用价值，但也不能将其看作是万能的，应对其正确合理使用。当前高校管理面临的主要问题就是如何屏蔽不良信息，有效抵制不良信息。但很多高校人员作为新媒体的管理者，对于高校管理情况存在虚假报道，这样只会导致高校的不良发展。新媒体应用逐渐成为时代发展的潮流，必将在未来有更大的发展空间。因此，教师及学生需正确认知新媒体发展趋势，掌握当下信息传播及发展的规律，通过对新媒体的利用，探索出新的应用手段，并创新原有制度研发出适合新旧媒体相融合的管理方式，为学生创建出一套新的有效传播方式，加强对舆论的控制，促进对不良信息的把控，推进网站建设的安全性和全面性，并加大对互联网的宣传力度，实现学生的思想教育宣传工作全面覆盖，并将高校管理工作的真实情况展示于公众，实时落实学生思想教育，获得了学生信任并提升了学校知名度。

（三）建立健全校园信息检查制度

建立健全校园信息检查制度是强化高校管理的重要内容。由于学校信息审查制度不完善致使校园信息缺失，从而导致学校信息管理工作人员对于管理工作无从下手，不能明确管理目标和自我规范及要求，同时信息检查质量水平也存在较大差异，不能满足当前新媒

体环境背景下的发展需求。因此，必须从基层完善校园审查制度，将学生干部组织到一起进行会议指示，要求其发挥自身的管理作用，统计所有学生基本信息并进行全面了解，通过整理分析后进行归档管理，学校相关部门的领导人员需充分了解校园里发生的大事小情并及时处理，进而更好地管理高校。

（四）强化校园新媒体建设

加强对校园自身新媒体的建设，能有效促进高校管理工作的顺利开展，校园新媒体建设可通过两种方式建立多元的传播渠道：通过对新媒体介质的利用，将传统管理模式与现代管理模式相结合创建新的信息传播方式，将线上与线下进行联合，更新宣传手段并拓宽创办范围，可以充分利用微信公众号、微博、网站等平台；通过对新媒体自身多元化传播方式的利用，伴随着信息技术的迅速发展，促使互联网与移动通信两者高度融合，进而探索出音频、图像等新媒体传播方式，帮助学校增加多种舆论方式。

（五）积极坚持管理原则

高校应积极坚持自身的管理原则，准确把握学校管理力度。目前，学校在应用新媒体进行管理时，仍存在一些问题，但不可否认其对于国家建设、社会进步发展的建设性贡献。新媒体在高校管理中，与国家政策保持高度一致，使新媒体技术在高校管理中有了明确准则及管理原则，为高校管理指明前进方向、明确发展指标，并引导学校及学生建立正确的价值观，促进了学校的更好发展。高校在进行管理教学改革时，必须严格按照新媒体要求及原则进行改革，如此才能促进学校的蓬勃发展，进而更好地管制与约束学生。

综上所述，新媒体对于高校管理教学改革具有重要意义。在新媒体环境下，高校能有效开展教育教学工作，改善原有的教学方式及管理模式，创建出新型的、多元化的教学机制。加强对新媒体的利用，能真正意义上促进高校教学管理工作的深化改革，并能有效提升教师教学质量及学生文化水平，实现高校办学高效性及教研科学性。

第四节　新媒体环境对高校档案管理

随着科学技术的发展，媒体行业也呈现着突发猛进的变革，新媒体的发展正在以迅雷不及掩耳的速度进行中，带来了机遇的同时也有着非常大的挑战。在高校档案的管理工作中，由于新媒体的发展，也使得档案信息呈现多元化和多样化的特征，需要通过一定的变革以此来适应新媒体下的档案管理工作。

档案工作在高校工作中起着重要的传承作用，是高校工作不可或缺的一部分。在近些年以来随着新媒体行业的发展，高校档案工作呈现着多样化的发展局面，高校档案工作的信息来源和储存方式也在不断更新，这是一个多方位记录的同时也成为一个新的挑战。

一、新媒体环境下高校档案的管理

高校档案的管理工作在现阶段看来具有多个层面的影响，具体来分析，主要体现在以下几个层面上：第一个层面就是对于隐私问题的涉及，也就是说，高校档案工作涉及档案的隐私性难以保证的问题。在很大程度上，高校的档案工作有一部分工作会交由学生管理，而对于档案管理的学生仅仅只有口头上的束缚没有实际制度上的约束，这就一定程度上使得高校档案管理工作的档案缺乏一定的安全性，容易使得学生个人的隐私信息被泄露，对于一些保密性的文件，高校并不能够对此加以重视，而是存在一定的侥幸心理，这就说明着高校档案工作缺乏一定的安全性和制度上的束缚力这是一个方面；还有一个方面就是新媒体环境下对高校档案宣传工作的影响，在传统的高校档案管理宣传工作中，很长一段时间都是通过一次又一次的会议来让管理人员深化档案管理的意识，从而形成一定的管理能力，进而起到相应的宣传效果，但是这种宣传方式不仅需要重复性的工作，而且宣传耗费时间之长，也成为一个弊端，在新媒体环境下，高校宣传档案管理工作正朝着多元化和多层次的方向发展，新媒体的优势就是可以通过多种渠道和多种方式实现宣传效果的增加，这是传统媒体远远不及的方面，对于高校宣传工作来说，要牢牢地把控这一个层面的优势，实现在新媒体环境下高校档案宣传工作的创新性发展；还有一个方面就是工作方式的不同，对于高校档案管理工作的方式来说，这是个极大的变革，传统的档案管理工作由于档案多为纸质档案，需要一定量的人力和占地来实现档案工作的管理，但是在新媒体环境下档案管理工作开始出现了新阶段的发展，新媒体环境下档案不仅仅局限于纸质资料，更多地变为数据信息存储在硬盘中，所以这就可以说明档案管理工作出现了根本性的变革，可以说不需要使用过多的人力资源和占地就可以实现档案的永久保存，资源利用率也随之提高；最后一个方面就是档案工作的工作思路的变化，在现阶段很多地方的高校档案管理工作还是保留最原始的工作思路和工作方法，在新媒体环境下，数据系统的应用就开始成为档案管理工作的一个新的思路。

二、新媒体环境对高校档案管理的影响分析

高校档案管理是高校发展的一个重要内容，做好高校档案管理工作，必然要打破常规，学会运用新媒体环境优势来优化高校档案的管理工作。那么，新媒体环境对高校档案管理的影响，可以从积极方面与挑战方面来说：

（一）积极影响

从传统意义上来说，高校档案管理工作全部依赖于人力，不仅仅有单调的工作模式，也有着相对枯燥的工作内容，在一定时间内也无法实现信息的实时共享。当高校一些活动正常进行时，往往会在活动结束后才对这些活动进行记录存档，这就导致实际工作并不同步于管理工作。但是新媒体环境下，高校档案管理的思路发生了改变，工作模式也倾向于

信息化，更拓展了高校档案管理的局限性。同时，新媒体环境下，高校档案管理不再过多地依赖于人力和纸质化办公，而是更倾向于运用信息网络科学技术，用计算机技术等对高校档案进行存储与管理，让高校档案的管理倾向于无纸化与电子化。当然，在新媒体环境下，高校档案管理不再是传统意义上的枯燥办公，在某些程度上以工作的可创造性与办公多样化性调动了人们工作的积极性，也让档案意识深入每一位高校师生的心中。同时，新媒体环境下高校档案的管理更加快捷高效，高校师生仅仅借助于手机与电脑等设备就能完成对档案的查询，这就节省了大量的时间与精力，也让更多的档案管理人员解放劳动力。

（二）带来的挑战

尽管新媒体环境为高校档案管理带来了诸多优势，但由于新媒体环境自身存在信息失真性与安全性等特点，依然需要有效避免其对高校档案管理带来的影响。毕竟，新媒体环境改变了高校档案的传统管理模式，也让高校档案的服务内容更加多样化，但是如何跟上新媒体发展步伐，为高校师生带来更有价值的档案管理服务，这始终是高校档案管理中值得实践探讨的一个方向。同时，在高校档案管理工作中，如何在新媒体环境中和服务的对象实现实时沟通，这一项工作的开展至今都仍具有一定的难度。在新媒体环境的影响下，高校档案管理文化的宣传与管理至关重要，如何宣传好档案文化并将档案意识成为高校的品牌力量，仍然是高校档案管理中应为之不懈努力的一个方向。除此之外，新媒体环境在很短的时间无法对高校档案管理进行全面的革新，如一些年纪较大的管理人员，当他们无法改变传统观念与工作模式，就很难让新媒体环境成为高校档案管理的铿锵力量。

所以，在新媒体环境下，高校档案管理工作的革新任重而道远，应充分地认识到新媒体环境优势，积极地应对新媒体环境下所面对的挑战，才能在新媒体环境中将档案管理工作做到最优。

三、新媒体环境下高校档案管理的创新策略

新媒体环境下高校档案管理的创新，应充分认识到新媒体环境的发展特点，并肯定新媒体环境给高校档案管理带来的诸多优势，积极地应对挑战，才能不断地优化高校档案管理工作模式，才能充分地发挥出高校档案管理的实效性。具体来说，新媒体环境下高校档案管理的创新策略，可从以下三点做起：

（一）改变管理理念，完善高校档案管理制度规范

一般来说，高校档案管理工作的内容是枯燥又繁杂的，那么在做这些工作的时候，需要工作人员严谨又细致地对待，才能把高校档案管理工作做到精准又具有实效性。在新媒体环境下，高校档案管理必然要打破常规，学会运用新媒体技术与互联网思维，对现有的管理模式进行革新。当然，这就需要先从改变管理理念做起。对此，高校领导要在第一时间重视档案管理，为高校档案管理提供资金支持、技术支持与设备支持，让档案管理意识深入每一位工作人员的心中。同时，逐步地完善高校档案管理制度规范，从纸质化档案管

理逐步过渡到电子化档案管理，要求档案管理的每一个过程都要尽可能地运用到现代化技术进行存档，做到每一份档案资料的完整。在实现高校档案电子化管理的同时，也要注重纸质档案的存档，保证电子档案与纸质档案的相同，做到有迹可循。

（二）运用现代化技术，搭建高校档案管理信息平台

高校档案管理是为高校师生与高校科研发展等提供服务的，那么在高校档案管理中，要积极地运用新媒体环境的诸多技术，如信息技术、计算机技术、网络技术等，搭建高校档案管理信息平台，在该平台上为高校师生提供多元化的服务。如在高校官方网站中增加档案管理的模块，在该功能模块中推出更多的功能小模块，如档案查询、档案存档及档案办理等，让高校师生仅仅在高校官方网站就能办理相应的档案事宜。又如建立高校档案管理的微信公众平台，在该微信公众平台上定期推出高校档案管理方面的知识，注重档案文化的宣传，培养高校师生的档案意识，也让档案管理的各个流程一目了然，尽可能地为高校师生们提供档案服务功能。还可以设置互动交流的小功能，征集高校师生们关于档案方面的问题，并针对这些问题进行有效的解答，一切为高校师生的档案管理来服务。高校档案管理信息平台的建立，让高校师生们在办理和查询档案时，仅仅在新媒体环境下就能实现，也让高校档案管理工作不再流于形式，而是真正意义地为高校师生与高校发展提供最实质性的帮助。

（三）培养创新思维，建设一批专业能力过硬的人才队伍

人是高校档案管理工作的直接参与者，那么在新媒体环境下做好高校档案管理工作，必然要培养工作人员的创新思维，建设出一批专业能力过硬的人才队伍，在高校档案管理工作中才能发光发热、奉献力量。对此，高校应为档案管理人员定期组织培训，让每一位档案管理人员接受新的知识，学习新媒体环境优势，积极地运用新媒体环境中的各类现代化技术，让高校档案管理工作进入到一个全面革新的阶段。除此之外，为了整体提高高校档案管理专业队伍的综合素质，高校应该要提高档案管理人员的招聘门槛，不仅仅要看档案管理人员的学历与专业能力，也要考核这些人员接受新知识的能力与信息素养等，才能为高校档案管理工作招聘到一批相当优秀的人才，助力高校档案事业的蓬勃发展。当然，在高校档案管理中，也要严格地制定人才考核标准，采用奖罚分明的方式，为高校档案管理提供合适的晋升机制，确保每一位优秀的档案管理人员都能通过优秀的工作获取更多的发展可能。除此之外，高校档案管理工作中，也要注重引导工龄时间很长的员工转变档案管理意识，让这些员工学会运用互联网思维与新媒体技术进行档案管理，这样才能为高校档案事业建设出一批专业能力过硬的人才队伍。

新媒体环境因具有及时性、交互性、跨时空性及失真性等特点，为高校档案管理带来了一定的机遇与挑战。在新媒体环境下，高校档案管理的方式发生了转变，不再是传统意义上的纸质化档案管理，也不再过多地依赖于人力管理档案，而是积极地运用现代化技术搭建高校档案管理信息化共享平台，打破时空限制地为高校师生提供档案服务。同时，在

新媒体环境下，高校档案文化的宣传变得更加快捷高效，但依然需要注重信息的正确导向与内容的精准定位。尤其是在新媒体环境中，高校档案管理工作的创新是大趋势，更是高校领导必须要重视的一项改革。对此，在高校档案管理的创新之路上，既要从更新档案管理理念与改变档案管理方式做起，也要让互联网理念与新媒体技术等融入档案管理的每一个环节，更要注重人才的技术培训与思维转变，才能让高校档案管理真正地发挥出应有的价值。

四、新媒体环境下高校档案管理工作的应对

（一）档案管理观念的转变

通过对高校档案管理工作的分析可以得出高校档案管理工作呈现着传统于新型管理方式兼容性比较难的问题，所以首先就需要转变档案管理理念，要实现这一点，需要通过几个阶段依次来实现：首先得从档案管理工作的内容上入手，也就是说高校档案管理工作内容要通过新媒体环境下的系统相结合，以此来实现内容的时代性划分，以及档案内容随时间的变化而增加，内容更具备一定的时间顺序调理性；其次，从档案管理的服务上来说，高校档案管理服务更要呈现多元化的发展趋势，也就是对于主动权的把控；再者就是高校档案管理工作的管理手段上的问题，需要注意的就是管理手段的更新，在进行管理的过程中，要改变的一点就是注意信息的流通性，以便于根据不同的实际情况进行管理工作的不断改善，增强档案管理工作的互动性；还有就是要有一定的前瞻性，对于这一点来说就比较偏向于档案管理工作的策略了，对于档案管理工作的策略来说，一定要有前瞻性，在思考过去管理和工作的弱点的同时要对未来的发展有一定的展望；最后就是注意明晰档案管理工作的空间特征，所谓空间特征就是高校档案管理工作在进行的过程中，不能够限制档案管理范围的空间性，也就是说，高校档案信息管理工作必须要保持公开和透明的状态，在互动性的基础上能够做到管理水平的提高。这点是很重要的一个层面。

（二）档案管理制度的建立健全

新媒体环境的发展过程中最需要注重的一个发展平台就是网络媒体的发展，网络媒体的发展在现阶段的媒体行业中发挥着重大的作用。所以对于档案管理工作来说，高校应该通过构建系统完备的档案管理体系，通过新媒体环境和传统媒体环境的融合，实现建立一种更加科学有效地管理模式。这种科学有效的管理模式建立后需要一定的制度制定来健全管理体系，这就需要通过加强各部门之间的互相监督工作来实现不同部门之间的沟通合作，最终实现媒体技术的发展让档案工作呈现合理化和创新性的发展。

（三）档案的个性化与特色

对于新媒体环境下档案的个性化和特色来说，主要的区别在于各个媒体平台与软件的自身特性，同时，这也是档案管理工作个性化发展的重要基础。在高校档案管理工作中，

应该创新档案管理和工作的方式，从具体来看，高校可以通过微博和微信公众号等媒体平台，通过整合自家高校的资源，将自家高校的各类型会议等工作通过一周一发送或者一天一篇的工作推广保存到各类型的媒体平台上，同时可以借用各种教学资源平台，通过整合教师资源来建立自己高校的师资档案，以此来实现师资资源的存档。还有就是可以通过各种媒体平台自带的功能，让全员参与，对自己的档案进行相应的更新，以此来做到丰富师资力量档案的作用。使得档案更具有真实性和可靠性。

（四）媒体化的重视

对于这一点来说要深刻明确高校档案工作的最终目的。高校档案工作的最终目的是实现档案工作能够为高校的科研教学服务，这是一个层面，还有一个层面就是要实现党机关工作部能够随时随地调用档案资源时，档案资源的真实性和全面性有一定的保证。要实现这两个层面，就要求高校领导要做到对高校档案管理工作的重视，也就是说高校领导可以通过转变高校档案工作的管理理念，通过创新管理模式，优化人员配置，或者说是通过一定程度上的政策鼓励和支持，一定数量上的物料支持，来实现档案工作的管理，使得高校档案工作成为一种媒体化的发展。

（五）人员综合素质的提高

高校管理人员要有一定的专业水准，可以通过不断培训和加大审核通过力度来做到人员综合素养能力的提高。在具体的做法中，高校档案管理工作在选拔人才的过程中，要注重人才专业技能和管理技能的发展，在传统的档案管理和工作中，相当一部分人员并没有好的档案工作的专业素质，或者说是档案管理的专业素质随着社会的发展变化而逐渐脱节。这就需要通过不断学习来改善这一个无奈的局面。高校要开设关于档案管理工作和计算机档案储存工作的一些专业课程，通过培养和提升相关的复合型人才，再加以一定的考核，使得管理人员的综合素质和专业技能都能够得到相应的提升。

（六）注重现代化的信息系统

现阶段高等院校每年的扩招，生源数据的增加，对于高校档案管理工作而言就是一个极具挑战的工作。每个学生的信息在进入学校系统之前需要通过填写纸质资料备份，但是纸质资料有一个缺点就是在进行调查以及查阅的时候非常不便，所以说就需要现阶段新媒体环境的融合。通过现代化信息系统的应用，实现实体档案和数字化存储系统的转变，通过规范化学生数据信息，实现学生档案工作系统的高效处理。在学生数据档案形成的过程中，需要的一个必要的步骤就是管理人员通过计算机系统的数字端口将各个数据接口利用起来，最终实现文件数据的共享，从而可以实现学生档案管理的信息方便传导性，还不容易丢失，但是在一个系列过程中需要注意的一个层面就是归档电子文件和元数据的处理，这是很重要的一个层面，也是确保档案管理工作安全性的重要保证。通过及时调解档案的数字化管理，来做到在节约储存空间的同时做到信息灌输效率的高效，避免出现了在信息传输过程中的信息丢失。

五、新媒体环境下高校档案管理的深刻转变

（一）实体管理的转变

对于传统档案管理工作而言，传统档案工作主要是对纸质档案管理资料进行管理，而现阶段的变化就是，纸质媒体转变为多种类型的数据信息，相应的，管理工作的重心就从实体档案管理转变为人力资本管理，这是一种新的转变，也是一种根本性的变革，通俗点来说就是从管理档案到管理用户的转变。不同点在于，管理档案是一成不变的工作，而对于用户的管理是为了让档案实现其应有的价值。这是很重要的一个层面。坚持以人为根本的思想，通过管理制度的不断创新，实现用户和档案之间的一种友好的联系，这点是特别重要的一个方面。这样做的优点在于能够充分发挥出档案管理工作者的工作积极性，然后可以降低档案管理工作者的压力，还能够确保档案工作的高效性。

（二）专业媒体化管理的转变

高校在不断发展的过程中，由注重专业和高度的发展方向慢慢转变为融合性的方向发展，也就是说，高校跨越式发展的基础上，经验管理能力的不断加深深刻影响着档案信息的管理，所以需要通过传统经验管理的模式来实现专业化的发展过程，通过实现设施的管理来实现管理能力的提升，从而使得档案管理资源的可利用价值得到不断的提升。

（三）全方位，网络化管理的转变

全方位网络化管理工作的实现需要从把控原始档案的全局开始做起，从区域管理到网络化的管理，再到细节管理，管理层次的不断加深，也意味着管理能力的不断深化。这是保证新媒体时期高校档案管理工作能够创新的重要基础也是一个必要的过程。还有就是需要加强网络的多媒体管理制度，通过管理工作的监督和管理水平的提高实现管理效果的提升。

高校要想实现新媒体环境下档案管理工作的创新，必须要做到的一点就是能够通过专业的技术培养和运用新媒体技术人才，通过融合新媒体和档案管理工作的创新点，来实现档案管理工作的教育性和引导性的作用。

第五节　新媒体技术与高校课程教学管理

为了紧跟时代的发展步伐，进一步提升高校课程教学管理工作，创新管理模式，拓展工作渠道，在高校课程教学过程当中将新媒体技术融入其中成了未来发展的主要趋势。运用新媒体手段在高校课程教学中进行管理，不仅能够为教学管理带来全新的发展机遇和创新模式，而且也为后期的推进与变革带来了巨大的挑战。在这样一种全新的模式之下，所

有的人员都成了"制造者"，在不断地研究、探讨当中推进高校学生管理朝向更高、更远的方向前进，真正实现与时俱进、不断创新发展的新格局。

伴随着数字技术、信息技术的迅猛发展和推广，新媒体已经成为传播信息当中的一种新兴的载体，逐渐被融入各个高校的教学和校园生活当中，深深地扎根到学生的思想当中。新媒体与高校教育融合是数字化时代背景下高校课程教学管理发展的必然趋势，应当尽可能的、尽早地适应这样一种全新的发展环境，进而紧跟新媒体的发展步伐，树立新媒体教学管理下的新理念，转变传统的角色，通过现实世界的说教者演变成虚拟世界当中的引导者，由信息传播的把关者演变成信息传播的引路人，由知识灌输的"权威者"逐渐演变成学生成长的"服务者"。

新媒体技术主要指的是运用计算机网络技术、数字媒体技术来提供相应的信息管理、技术服务等内容，并借助于计算机互联网、电脑、手机、局域网、电视广播等终端载体来对信息进行传播。通过新媒体技术的运用，能够促使高校管理实现学生与教师之间的有效沟通，在沟通表现上可以大致划分为两个方面的内容：主动的沟通形式与被动的沟通形式。主动性的内容大多是教育教学者在课程管理上占据一定的主动型，进而实现对话形式上的管理和教育引导，这样的一种管理模式大多是通过微信、QQ、微博等方式进行实现；另外一种被动形式的沟通，主要指的是教育者将所要传达的信息进行单方面的传播，例如：将信息放送到微博当中、博客当中、公众号平台当中，让学生能够以自主的方式进行学习，这样一种信息传播的方式和途径需要学生具有良好的自觉性，同时愿意去进行信息搜索，有兴趣接受信息，这种模式所表现出来的整体教学效果可能要比主动沟通效果相对较弱一些。

一、新媒体技术独有的发展优势

新媒体技术与其他传统的高校教学管理手段有所不同。在新媒体这一特殊的发展背景之下，学生在校园求学的过程当中会发现自身在生活、学习、交往等过程当中出现的许多问题，都可以通过自己的手机、计算机网络等媒体来获取答案、解释。新媒体所表现出来的这样一种特有的优势主要在于知识的广泛传播，每一个人都可以成为知识传播过程当中的传播源，同时也能够成为知识传播过程当中的受益者。在发展过程当中，运用新媒体技术可以更有效地激发学生的兴趣以及求学的主动性。而在传统的高校教学管理过程当中，大多采用的是纸质形式的知识传播、文化传播的形式，这样一种传播的途径不仅仅对资源产生一定的浪费，而且还容易导致知识传播上的不均匀性。纸质媒体发展容易在传播过程当中造成很大的损伤，甚至损伤到一定程度之上就会产生报废，这就在极大程度上产生浪费。除此之外，纸质的传播形式，对于重要的文件来说，会出现"僧多粥少"的发展情况，相反，新媒体的传播途径就会规避纸质媒介形式的浪费，也会规避分配不均匀的一种发展现象。

二、新媒体技术在高校教学管理当中存在的主要问题

（一）信息的接受上会存在一定的不稳定性

在高校教育教学管理过程当中，新媒体技术手段能够展现出极为方便与快捷的表现特点，但是依旧会存在一定的弊端。例如：如果学生使用手机没电、计算机网络不通畅、停机等状况，就难以收到管理者所发布的信息，这时候管理者与被管理者之间就难以顺利地联系上，进而出现学生管理上的漏洞。

（二）教育信息上的匮乏

虽然新媒体技术上面的信息已经非常丰富、多元化，在针对目前高校大学生教育与新媒体技术相结合的一些信息量却依旧比较匮乏，而且内容相对会更少，这就导致许多高校的教育管理者在投身研究的过程当中，由于缺乏相应的技术手段、工作经验等，很难顺利地将工作推进下去，也难以对高校的教学管理工作有所提升。

（三）容易对学生产生不良的影响和消极的心理

在新媒体技术背景之下，由于信息量的巨大，这样一种看似丰富且具有优势的特点，同时也会在后期的发展过程当中，导致一些不良的信息也会隐藏在网络文化传播的过程当中。而且这些信息所表现出来的诱惑力相对较大，大学生往往会在这样一个叛逆以及心智不成熟的情况之下难以辨别，进而深陷其中，这就需要教育教学者在此时进行合理的引导，另外还需要相关部门对这些违法犯罪信息进行删除和屏蔽，促进网络环境得到优化；除此之外，网络信息环境不仅仅是可以学习的地方，同时也是能够娱乐的一些处所，例如：网络游戏会在发展过程当中对学生的学习产生影响。大学生会运用新媒体这样一种技术将大量的时间花费到后期的游戏上以及电视电影当中，而这却不是新媒体技术融入教育管理过程当中的初衷，由此，高校的教育管理者应当不断提升这方面的防范意识，进而促进学生的快速发展。

三、新媒体技术在高校学生管理过程当中具体运用策略

（一）转变传统教学管理状态，充分融合新媒体技术

随着现当代科学技术的快速发展，传统的教育教学管理观念已经很难适应现当代学校的教学管理工作，有许多学生在这样一种全新的环境之下，也难免会沉迷运用新媒体技术，除此之外，在一些高校当中，许多思想传统的管理者认为，新媒体技术只会在发展过程当中给学生带来不同程度之上的消极与影响，高校学生管理人员难以真正认识到新媒体对后期高校学生管理工作带来的一些积极的作用。高校的学生管理人员在此时则需要转变原有的这种观念，紧跟时代发展的步伐，充分认识到新媒体具有的优势，进而给学生带来全新的发展机遇，真正认识到新媒体在发展过程当中具有的重要性，认识到新媒体技术的优势，

树立起正确的使用关键，发挥新媒体技术所表现出来的积极作用。除此之外，高校的学生管理共走人员还需要不断对新媒体技术进行全方位的学习，不断积极地去探索新媒体技术在学生管理当中的运用方式和结合方法，进而有效地展开管理和工作。

（二）不断提升高校学生管理队伍的整体综合素质

对于高校学生管理人员来说，要想在发展过程当中不断提升高校学生整体管理工作，就必须要具有极强的专业化理论知识和专业技能，而且还要结合丰富的管理经验、熟练地掌握新媒体相关技术，才能够促使在后期的学生管理工作过程当中变得更具主动性。但是，就大多数的高校学生管理来说，缺乏能够熟练掌握新媒体技术的一些学生管理人员，并且许多学校的教学管理教师也缺乏对新媒体技术的全面了解，学校整体对新媒体这一方式的培训、运用等都相对匮乏。由此，在这样一种现代化科学技术快速发展的背景之下，高校也同样需要紧跟社会的发展，构建全新的新媒体发展平台以及相关机构，并且聘用专业化的新媒体技术管理人员到学生对相关媒体平台进行搭建。与此同时，高校还需要进行定时或者不定时的对学生管理人员进行专业化的培训，提升这些管理人员的新媒体专业知识，并掌握相应的新媒体专业技术，促使后期能够将这些理念充分融入学生管理工作过程当中，不断提升高校学生管理工作的整体水平。

（三）优化高校新媒体教学管理环境，建立健全新媒体管理机制

首先，在高校的教学管理当中，运用科学的管理方式才能够更有效地对学生进行了解，进而正确地把控学生在发展过程当中的思想动态以及情绪变化，有针对性的做好预防和解决对策。现如今，高校的大学生在思想上依旧表现不成熟的一种状态，而且逐渐向独立性的趋势过渡，在计算机网络当中有许多不良的信息会在潜移默化当中印象这学生的价值观、人生观和世界观，转变学生正确的思想状态。这时候，作为教育教学者来说，可以在平时的教育教学过程当中通过新媒体手段引导学生在思想上的发展，学会如何过滤这些不良的信息，并通过公众平台当中一些优质资源的分享，加强学生思想的坚定性，让学生能够在身心上得到健康的发展；其次，充分融入新媒体技术，将传统的教学管理工作和传统的管理方式相融合，发挥新媒体独有的积极作用，促进整个教学管理的进行和发展。

不管是新媒体课程教学管理方式还是运用传统的课程教学管理模式，在整个管理过程当中最重要的依旧是教师，而被管理的角色依旧是学生，新媒体所转变的则是教育者和学生之间原本存在的关系以及交流模式，同时也可以通过新媒体这样一种特殊的技术理念加强学生与教师之间的沟通，进而让学生与教育者之间形成良好的关系。新的教育教学理念会在这样一种特殊的情况之下培养出更具创新意识、良好的人格内涵，成为整个教育教学管理当中不可替代的重要手段。除此之外，还需要将新媒体与传统教学管理之间有效融合，运用二者之间不同的优势相互协调，相互促进，为提升高校教育教学管理者的整体效率打下坚实的理论基础和实践经验。

第六节　以人为核心的高校多媒体教室管理

随着新媒体技术和教育技术的飞速发展，高校的教学工作技术化水平日益提高，多媒体教学变为主流。多媒体教室管理和维护工作的好坏，对保证教学正常进行，提高教学质量的意义不言自明。要做好这一工作，不能盲目陷入技术革新的泥沼，而应该以人为核心，以令使用者满意为目的，制定人性化的管理和维护方案。毕竟，多媒体教室的管理与维护工作，其根本是服务于人的一项工作，而不仅是管理机器。

多媒体教学，是一种融合多种媒体、对人的多种感官进行全方位刺激的教学方式。其相对于传统的板书模式，技术特色明显，提高了教师授课的效率和效果，提升了课堂授课的吸引力，是一种在高校中广受欢迎、几乎全面普及的教学方式。鉴于多媒体教学在当今高校教学中举足轻重的地位，做好多媒体教学的保障工作就显得尤为重要。

然而，目前很多高校的多媒体教学保障工作做得并不好。教师对此抱怨较多，矛头直指多媒体教室管理人员，他们认为是管理人员没有把工作做好。而作为整日辛苦忙碌的多媒体教室管理人员则又感觉是费力不讨好，觉得他们的努力没有被认可。如此，高校多媒体教学就陷入了教师和多媒体教室管理人员互相不满意的困境。为走出困境，很多高校多媒体教室管理部门花大力气引入先进的智能管理系统，力图用技术来化解困局。然而，效果并不理想。事实上，要真正走出目前的困境，软实力的提升应该比硬实力的提升更迫切。多媒体教室的管理与维护工作，其本质上是服务于人的工作，以让使用者满意为目的，而不仅仅是管理好冷冰冰的机器。认识到这一点，在进行多媒体教室的管理和维护工作时，始终坚持以人为核心，处处体现人文关怀，那么问题或许将迎刃而解。

一、多媒体教室管理

多媒体教室的管理工作，主要涉及对相关制度的管理、多媒体管理人员的管理、设备的管理以及对工作方式的管理。管理，不是为了管理而管理，而应该是为理顺先进技术、多媒体设备、工作方式方法等之间的关系，保证以人为核心，使各方面协同工作，形成一个有机整体，最大限度地为教学服务。

（一）完善以人为核心的多媒体教室管理制度并严格执行

"兵马未动，粮草先行"，打仗讲究粮草先行。对于高校多媒体教室的管理，健全的、以人为核心的管理制度应该先行。因为多媒体教室的管理和维护工作，表面上面对的是机器，实际上面对的是全校的教师和其他教职工。建立健全的多媒体教室管理制度，将会使管理工作规范化，可视化，有利于接受使用者的监督，明确问题的责任，继而有利于处理好与多媒体设备使用者之间的关系。多媒体教室的管理制度可分为三类：一是，对人的管理制度，这包括"教师使用多媒体设备管理制度"以及"多媒体教室管理人员岗位职责"；二是，对设备的管理制度。包括使用设备以及借用设备的管理制度；三是，对活动的管理制度。该制度主要是针对教学活动以外的其他活动在使用和维护多媒体教室时的规定。这三类制度在制定时，不能盲目照搬，应该因地制宜，做好实施环节并持之以恒。

（二）提升管理人员业务水平，加强教师技能培训

1.建立业务团队，强化专业技能

传统多媒体教室管理队伍，主要有相应的专业管理人员和临时工组成。存在的主要问题有两个：一是，专业人员明显不够；二是，人员相互之间功能重叠、无法调动工作积极性。对此，可实验性的建立团队管理模式。首先，将专业管理人员进行技术分工，在掌握基本专业技能的前提下，主攻某一设备的管理与维护技术（如投影机技术）；其次，每一位主攻人员带领三到五名勤工助学学生一同进行技术的学习与钻研。如此，形成对每一部分多媒体设备的专业维护团队。既提高了管理队伍的积极性，又提升了管理水平，同时还武装了学生，为他们提供了一个学习一技之长的机会。

2.加强教师技能培训，减少误操作

据统计，在多媒体出现的问题中，有多半是因为教师的使用方法问题，这其中有相当一部分教师根本就不会使用多媒体设备。因此，对教师进行教育技术能力培训是十分有必要的。培训内容应该涉及多媒体教学的发展史、多媒体教室的使用流程、多媒体教室的组成，以及多媒体教室常见问题的处理办法等。培训时间放在每学期开学初较好，因为教师可以及时地到实践中去内化所学的技能。培训方式，可采用集中与单独相结合。开学初采用集中培训方式，开学后根据教师掌握情况，采取一对一培训。

（三）改善设备条件，做好故障维修记录

1.优化多媒体教学的硬件环境

巧妇难为无米之炊，再优秀的多媒体教室管理人员也经不起整天出毛病的设备。因此，提升多媒体教室的设备水平是基础，是很多问题解决的前提。按照科学发展观的要求，多媒体教室建设与教学实际需求应该同步发展。当然，考虑到使用人员的接受程度以及资金问题，在规划建设时采用分批次建设较为适宜，做到先进性、稳定性与实用性相统一，充分提高设备的利用率，为全校提供一个最合适的多媒体教学环境。

2.建立有效的设备故障维修记录制度

在如今这个大数据时代，数据变得比以往任何时候都重要。教师在使用多媒体教室设备过程中，不可避免地会出现各种问题。每一次出现问题，多媒体教室管理部门都会派相应的人员去处理并产生一次处理信息，而每一个处理人员都有自己即时的感受和建议。所有这些信息都可以成为我们多媒体教室管理领域的大数据。为此，应当建立多媒体教室设备故障维修记录制度，制定多媒体教室维修记录单，记录使用过程中出现的问题时间、原因、解决办法以及自己的建议。待数据积累到一定阶段，应当对他们进行整理、汇总、分

析，继而总结经验，提高工作效率。

（四）定期与多媒体教室使用人员沟通交流

如前所述，多媒体教室管理工作是服务于人的工作。只保障好设备的正常运行是远远不够的，最终让使用人满意才是根本目的。因此，多媒体教室管理人员应该及时跳出自己的技术圈子，创造机会、更多地去与多媒体设备使用人员沟通。虚心听取他们在管理制度、使用方法及新技术引入等方面遇到的问题和提出的建议。从需求入手做工作，反过来才能更好地满足需求，最终将多媒体教室管理工作做好。

二、多媒体教室的维护

多媒体教室维护工作主要是针对设备做好现场的维修和课后的养护工作，是保障多媒体教学顺利进行的硬指标。多媒体教室的管理板块是服务于人的工作，维护板块同样如此。在解决现场问题及课后对设备的养护中，应始终以让教师满意的使用设备为指导思想，扫清影响多媒体教学的一切技术障碍。

（一）现场问题解决：耐心、迅速、专业

多媒体教室管理人员经常面对的是教师在课堂上出现的突发问题，处理好这些问题，技术应该只是其中的一个方面，另一个经常被忽视的方面是如何恰当的发挥技术的价值，最终完美地解决问题。根据实践经验，在解决问题的过程中，如果管理人员能多从教师的角度考虑问题，虚心接受教师的批评，安抚好教师的情绪，同时能迅速、专业地解决教师所遇到的问题，那么教师的抱怨就会大大减少，教学效果将得到明显保证。

1. 站在教师角度，承认错误，安抚好其情绪

教师在课堂上遇到设备故障后，往往心情急躁，对前来救急的工作人员时常会发怒。对此，有些管理人员要么忍气吞声、要么与教师当场理论。其实，这两种方式都走了极端，不可取。正确的做法，还是出自我们管理人员。毕竟问题是出在设备身上，无论是何种原因，而这都是管理人员的职责所在。所以，首先管理人员要把错误揽下来。然后，从教师的角度来看，在他教学马上进入关键时刻时，设备突然出现故障，完全打乱了他的教学节奏，所以生气、发怒也是可以理认识到这两点，在遇到此类问题时，我们就应该首先承认错误，安抚好教师的情绪。教师情绪稳定了，一方面能为管理人员解决技术问题提供好的环境，另一方面他也能体会到管理人员的工作价值。

2. 加强楼层巡视，加快到场速度

在多媒体设备问题解决过程中，管理人员到位的时间非常重要。很多教师和管理人员之间不和谐因素的产生，都是由于管理人员到位时间不及时或是没达到教师期望的速度造成的。为此，提高管理人员的到场速度极其重要。而要提高到场速度，可从两方面着手。首先，应该把多媒体设备操作流程、联系电话制作到电脑桌面并同时贴在控制台上，使教师联系管理员更方便。其次，应将管理人员分配到各个楼层巡视并配备对讲机，保证他们

的机动性和相互沟通。

3. 提升专业技能，迅速排除故障

现场问题解决，最终大家期望的结果是管理人员将教师遇到的问题迅速解决。迅速很关键，因为这可以节约教师有限的授课时间，并将对其教学节奏的影响降到最低。所以，多媒体教室管理人员在为教师解决问题时，要充分利用自己的技能，以最快的方式解决问题。要做到这一点，管理人员必须对自己的工作技能精益求精。为此，可从两方面来努力。一方面，应广泛涉猎相关领域（如计算机、音响、投影、无线传输等）的理论知识。另一方面，应通过各种渠道锻炼自己的实践能力。锻炼实践技能的渠道中，很容易被忽视而又很重要的一种渠道是积极参与外包公司对设备的维修工作，在做中学。参与到公司的维修中去，给他们做免费的劳动力，他们会欣然将一些技术窍门传授于你，而这些窍门在为教师解决问题时可能是至关重要的。

（二）课后设备维护：主动、认真、严格

要保证多媒体教室设备的正常使用，为教师教学提供强大的保障，幕后工作——设备的维护和保养是基础。幕后维护工作，应该树立主动服务、一切为了教学的意识，爱岗敬业，全身心投入到细微的工作中去。充分发挥主观能动性，确保本职工作规范、优质、便捷、舒心。改变别人求我，我才做的现象，对多媒体教室变被动式维护为主动式维护，力争把故障消灭在预测阶段和萌芽状态。结合实践并借鉴先进的经验，多媒体设备的维护工作分成日维护和周维护较为合理。

1. 多媒体设备的日常维护

每天教师上课前，多媒体教室管理人员应该首先查阅"维修记录本"上的教师报修记录情况，确保上课教室的设备无问题，可正常运行。有问题的教室，要提前进行技术处理，无法及时解决的要做好与任课教师的沟通及教室调换工作。每天晚上，教师使用设备完毕后，要安排相应人员检查自己所负责的每一间教室的设备是否正常关闭，幕布是否已升上去，并及时清理多媒体工作台，保障环境的干净整洁。

2. 周维护

多媒体设备在运行了一周后，难免会出现系统垃圾的积累、投影灰尘的累积等问题。这就需要每周定期进行一次系统的处理。主要应该涉及电脑系统优化、升级病毒库、杀毒以使计算机处于最新病毒库防护状态、教师建议的软件安装、投影设备的除尘、灯泡的亮度评定、多媒体机柜的防生锈处理等。

多媒体教室的管理和维护工作是一个琐碎、需要责任心和耐心、必须具备较高思想素质的工作，是信息技术武装下、服务于人的工作。对于多媒体教室的管理而言，管理人员不应该以技术者自居，将自己与使用人员隔离，而应以为人服务为目的、将人文关怀体现到管理和维护中去。用心去做技术支持工作，一定能走出目前高校多媒体教室管理所遇到的困境，开创属于多媒体教学的明天。

第七节　新媒体时代高校计算机网络教学管理

随着新媒体时代的到来和计算机网络在教育领域的应用越来越广泛，我国有很多的高校开设了计算机网络教学课程，高校计算机网络教学管理就成为学校教学管理的必要环节。本节就是把计算机网络教学的内涵作为切入点，分析我国高校计算机网络教学管理中存在的问题，并据此提出作者的几点改进措施。

随着新媒体时代的到来，电子信息技术的发展更加迅速，对人们的影响更加深远。在高校中开展计算机网络教学课程，需要将其教学内容、教学目标、教学方法以及教学模式等多方面进行管理，使教学质量不断提高，使人才得到全方位的培养。

一、计算机网络教学的内涵

所谓计算机网络教学就是教师和学生将学习的中介转化为计算机，强调师生双方共同参与。从本质上来看，计算机网络教学和常规教学是一样的，教学目标都是为了培养人才。只是计算机网络教育是把计算机作为授课的中介，教师通过网络来向学生传授知识，这样可以使学生接触的知识面更广。在教学的过程中教师不仅要及时地了解学生对知识点的掌握情况，还要关注网络教学课程本身和教学资料在教学中发挥的作用。但是，计算机网络教学和常规教学还存在一定的差异。计算机网络教学在教学的过程中更加重视对新媒体和信息技术的应用，把计算机网络作为开展教学活动的主要视角，把现代信息技术作为开展教学活动的基础。与常规课堂的最大区别是教师和学生不用局限在同一空间内，在不同的空间通过计算机网络就可以开展教学活动。

二、目前我国高校计算机网络教学管理中存在的问题

随着新媒体时代的到来，我国的电子信息技术得到进一步的发展。计算机网络教学渐渐走入高校教育体系中，成为高校加强教育教学管理建设的重要内容。虽然高校计算机网络教学管理取得了一些成绩，但是仍旧存在不少的问题。

（一）教学管理观念缺乏科学指导

通过科学合理的计算机网络教学管理是保证网络教学的质量和教学效率的重要条件。我国的计算机网络教育起步较晚，在一些技术性方面取得了不小的成绩，但是仔细分析就会发现，大多是对国外经验的照搬，并不能结合我国高校教学的实际，这往往就会出现教学模式固定、单一，学生在学习之后容易形成单一的思维模式。此外，没有形成系统的计算机网络教学的理论，在实际教学操作中缺乏科学理论的指导，这就使得教学并没有实际的指导意义。高校对于计算机网络教学的认识也不客观，往往夸大了网络教学的作用，而

且将计算机网络教学管理和学校的教育教学管理分离开来，忽视了对计算机网络教学的管理。

（二）教学管理模式不合理

在高校开展计算机网络教学应该将计算机自身的特点和时代对人才的需求结合起来，对教学模式进行积极的探讨，使计算机网络教学的形式能够更加丰富、变化多样。就目前的时代发展趋势和对人才的需求来看，计算机网络教学在实践操作中必然要将多学科的知识引入其中，在教学中出现多学科知识交叉的现象，教学内容更加多元化，固定、单一的教学模式是远远不能满足计算机网络教学的需要的。而且在计算机网络教学的过程中根据教学内容、教学目标以及师生特点的不同，就需要采取不同的教学手段以及教学模式，并对教师的讲授方式和学生的自学模式都进行调整。但是就目前高校的计算机网络教育课的开展情况来看，教师不能根据学生的不同特点采取不同的教学模式，教学模式固定单一，不能根据不同教学对象设置不同的教学目标，目标较为单一，教学模式存在严重的漏洞和不合理性。

（三）教学管理体系不完整

建立起完整的教学体系是保证教学质量的有效前提，可以对教师的教学工作以及学生的学习成果进行及时的验收。在高校教学管理中的常规教学管理体系较为合理、科学，但是计算机网络教学的开设时间较短，整个教学体系中还有不少问题和缺陷。因此在对计算机网络教学的管理中，虽然教师在实践的过程中已经渐渐掌握了一定的管理经验，但是在课程的基础数据、对教师的监督和对教学质量评价等方面还不完善，这对未来计算机网络教学的发展很不利，对计算机网络教学的质量以及教学效率都有着直接影响，严重阻碍了计算机网络教学的不断发展。

（四）远程教育管理力度不够

因为计算机网络教学可以突破时空的限制，使教师和学生能够突破传统教学中师生必须处于同一空间的局限。但是在计算机网络教育将教学的范围拓宽、教学规模扩大的同时也给教学管理带来了很大的阻碍，使高校对教学的组织以及检测的管理、控制水平渐渐减弱。而且计算机网络教学在新媒体时代的教学背景下可以将教师的教与学生的学分离开来，就要求学生有较高的自觉性和自律性，但是现在的学生大多自律能力较差，而且对教师的依赖性较高，在计算机网络教学中在很大程度上还是需要教师的讲解和引导，这就需要不断加强对远程教育的管控力度，但是就高校的目前教学情况来看，对远程教学课程缺乏足够的管理力度。

三、促进计算机网络教学管理发展的对策

（一）正确认识计算机网络教学在高校教学中的地位

由于计算机网络教学在高校的课程教学中开设的时间并不长，因此正确认识计算机网络教学在高校教学中的地位，对于计算机网络教学管理的不断发展有着积极意义。首先，要以宏观的、全局的眼光来看待计算机网络教学，这是进行教学和促进计算机网络教学不断发展的基础条件。在高校中开展计算机网络教学课程是为了实现培养高素质的、符合时代需求的教学目标和人才培养目标，把应用现代化的科技以及电子信息技术作为标志，把我国的教学实际作为开展教学的基本条件，把实事求是、改革创新作为教学的基本精神。尤其强调改革与创新在教学中的重要性。由于我国的计算机网络教学还在发展完善的阶段，因此就需要借鉴外国的优秀的教学经验，但是并不是对经验的盲目照搬，而是要同高校的教学实际结合起来，形成独特的教学模式与教学特色。教师在教学的过程中要注意对教学方法进行探索，使学生能够通过计算机网络教学这种形式培养起良好的学习兴趣，使学生能够主动的通过使用计算机网络在线平台获取信息，并自主学习相关知识，并在学习的过程中通过总结形成完整的系统。但是同时也要注意，虽然在新媒体的时代背景下高校开设计算机网络教学会带来良好的教学效果，但是并不能完全取代常规的课堂教学，而且在计算机网络教学的过程中还要注意借鉴常规的课堂教学的优秀经验。

（二）不断创新和改进网络教学管理模式

为了能够不断提高计算机网络教学的质量，就需要将教学过程中的教学方法、教学模式以及媒体等有机结合起来，处理好三者之间的关系。计算机网络教学作为新兴的教学方式，对传统的教学方法和教学模式有一定的冲击和启发，使其焕发出新的生命力。在进行网络教学的过程中要根据计算机网络教学自身的特点、人才培养的需要和我国的实际情况，对教学模式进行探索，而不是一味照搬外国的教学模式和教学经验。教师可以通过在教学过程中可以对教学中遇到的问题进行多样的呈现，使学生可以更加方便理解出现问题的具体情景，同时教师还要能及时向学生提供学习和解决问题的资源，例如检索问题的资源或是链接，使学生能够培养起自主解决问题的思维与能力。教师还要及时结合学生的特点对教学模式进行创新，改进其中存在问题的地方，使教学模式不但能满足学生的差异性和对教学内容的要求，还能使学生所接收的知识更多样化，不断提高计算机网络教学的质量与效率。

（三）制定合理的网络教学管理规范

随着社会经济的不断发展以及教学结构的不断优化，要求计算机网络教学能够不断优化教学结构与教学内容，并制定合理的计算机网络教学的管理规范。通过制定合理的教学管理规范，就使得在开展计算机网络教学活动时遵守一定的教学原则，这是教学活动收到

良好教学效果的重要基础。在高校中开展计算机网络教学的课程，通过制定合理的教学管理规范，使教师的教学行为和学生的学习行为以及课堂教学质量、课堂教学效率等都能控制在一定的范围内，有效保证了教学质量与教学效率。计算机网络教学涉及的范围较广，环节设置复杂，为了能够保证教学对培养人才的有效性就需要一定的管理规范，及时对学生的情况进行了解与监督，对教师的教学行为进行监控，能够实时解答学生存在的疑问。

随着电子信息技术的不断发展，我们已渐渐进入新媒体时代，为了满足时代发展需求和教程变革的要求，就要对计算机网络教学加强管理。随着我国电子信息技术水平的不断发展，以及新媒体时代的到来，计算机网络教学将会在未来的教学活动中发挥出更加巨大的作用，需要对现有的网络教学管理中的问题进行分析，并制定切实可行的优化措施，使计算机网络教学水平与教学质量不断提高。这需要参与高校的计算机网络教学的教师不断提高专业素养，在教学实践中能够不断改进教学方法与教学模式，使计算机网络教学的质量不断提高，学生可以得到全面的发展。

参考文献

[1] 范晖 . 以实践和创新为目标的计算机网络课程教改研究 [J]. 中国成人教育，2010，（18）：149.

[2] 曲本庆，马寅强，王忠宽，辛萍 . 分析大学计算机基础实验教学管理中存在的问题及对策研究 [J]. 高考，2014，（2）：64.

[3] 张剑飞，高辉，马晓梅 . 试论计算机网络实验教学研究与实践 [J]. 高教论坛，2010，（3）：53-55.

[4] 刘萍，白翠梅，黄小兰 . 大学计算机基础教学中存在的问题及对策研究：以青海民族大学为例 [J]. 计算机教育，2012，（23）：71-74.

[5] 潘泽强，黄益群 . 计算机网络技术实践教学改革研究与探索 [J]. 制造业自动化，2011，33(2)：182-184.

[6] 蒋义刚 . 新媒体环境下高校思想政治教育传播要素分析 [J]. 南方论刊，2009，（11）.

[7] 李新伟 . 网络环境下大学生教育管理的挑战及对策 [J]. 航海教育研究，2009，（3）.

[8] 任秀芹 . 手机媒体传播对大学生的影响及应对策略分析——以云南财经大学为例 [J]. 云南财经大学学报，2011，（3）.

[9] 姜恩来 . 新媒体环境下的大学生思想政治教育 . 复印报刊资料 [J]. 思想政治教育，2009，（10）.

[10] 马斌 . 关于高校信息化建设的几点思考 [J]. 山西高等学校社会科学学报，2008，（12）.

[11] 元林 . 思想政治教育网络传播"把关"的困境与破解研究 [J]. 学术论坛，2010,（10）.

[12] 李辉 . 新媒体时代背景下"智慧校园"背景下应用型高校教育保障信息化管理模式探析 [J]. 天津中德应用技术大学学报，2019(06)：35-38.

[13] 张丕升 . 新媒体时代背景下浅析如何做好高校管理工作 [C]. 教育理论研究（第八辑）. 重庆市鼎耘文化传播有限公司，2019：792-795.

[14] 顾琼华 . 新媒体时代背景下如何做好高校教育管理工作的创新路径研究 [J]. 创新创业理论研究与实践，2019，2(07)：161-162.

[15] 黄毓虎 . 新媒体时代背景下高校教育管理信息化建设路径 [J]. 数字技术与应用，2020，38(02)：231-232.

[16] 杨黎鑫 . 谈高校教育管理工作信息化管理建设现状与对策 [J]. 辽宁师专学报（社

会科学版)，2019(05)：139-140.

　　[17] 邓勇军 . 新媒体在高校学生管理中的应用研究 [J]. 才智，2018(12).

　　[18] 赵允泷 . 新媒体在高校学生管理工作中的创新途径 [J]. 黑龙江科学，2019，10(11).

　　[19] 熊诗韵 . 新媒体视野下当代大学生思想政治教育研究 [J]. 湖北开放职业学院学报，2019，32(1).

　　[20] 陈洪华 . 新媒体时代背景下高校教育管理工作探讨 [J]. 中国多媒体与网络教学学报 (上旬刊)，2020(01)：79-80.

　　[21] 王利伟 . 加强新媒体在高校教育管理中的应用 [J]. 高教学刊，2019(21)：154-156.

　　[22] 宋钰婷 . 新媒体在高校教育管理中的应用研究 [J]. 读与写 (教育教学刊)，2019，16(09)：45-138.